In the country of love

Alexander Amfiteatrov

В стране любви

Александр Амфитеатров

In the country of love

ISNB: 978-1-61895-257-8

В стране любви

ISNB: 978-1-61895-257-8

В СТРАНЕ ЛЮБВИ

Милому человеку и прекрасному артисту
СЕРГЕЮ ИВАНОВИЧУ ГОРЕЛОВУ,
художественно воплотившему образ "Альберто",
посвящаю эту повесть и вышедшую из нее пьесу.
Александр Амфитеатров
Cavi di Lavagna 1910 7/VI

L'amour est comme ces arbres à l'ombre desquels meurt toute végétation. L'homme qui aime une femme, non seulement n'aime rien autre chose, mais finit par ne rien haïr non plus. C'est en vain qu'il cherche dans les replis de son coeur toutes les préférences, toutes les sympathies, toutes les répugnances, tout cela est mort mort d'indffierence

Alphonse Kars[1]

I

– А теперь, синьор форестьер, если вам угодно меня выслушать, я желал бы сказать вам несколько слов.

Говоря это, Альберто опустил весла. Лодка, шибко разогнанная им против невысокой волны, с размаху через нее перескочила и мерно закачалась на зыби моря, белого, как молоко, под белым облачным небом. Иностранец, к кому Альберто обратился с речью, поднял глаза, удивленный резким тоном лодочника. Взгляд, встреченный им под

---

[1] Любовь – будто тени деревьев, убивающие все живое. Человек, который любит женщину, не только не любит ничего другого, но и кончает не чем иным, как власяницей. Напрасно ищет он в тайниках своего сердца все особые предпочтения, все влечения, все отвращения – все это умерло смертью безразличия.

Альфонс Карс.

нахмуренными бровями Альберто, оказался таким же недружелюбным, как и голос.

Берег был далеко. Городок и пристань, откуда полчаса тому назад лодка унесла двух пловцов в открытое море, утонули за горизонтом, над которым чуть виднелись синие тени окутанных туманом гор.

Альберто и иностранец были одни в просторе морской тиши. Небо над ними, – бездна под ними.

– Конечно, говорите, Альберто! В чем дело? Вы как будто расстроены... Надеюсь, не случилось никакой беды?

Смуглые щеки Альберто стали бронзовыми от румянца, бросившегося ему в лицо.

– Видите ли, синьор,– смущенно заговорил он,– я много доволен вами. Вы щедрый господин и даете хорошо заработать бедному человеку. Я никогда не слыхал от вас грубого слова. Я! А что такое – я? Простой marinajo[2] лодки да купальни – вот мое дело...

– Без предисловий, Альберто! Зачем рассказывать мне то, что я и сам, без вас, прекрасно знаю?

– Затем, синьор, что я, по своей должности, привык к обращению с иностранными господами; я много их знаю, меня многие знают, и все меня любят. И больше вас никто мне по душе не приходился. Вы много платите мне за наши поездки, но, честное слово, я к вам не за это привязался: хорошо платят и другие, а просто – славный вы человек, вот что. И тем печальнее мне говорить вам не слишком-то приятные вещи...

– Час от часу не легче... Не тяните, рассказывайте напрямик: что, как и почему...

На бронзовую кожу Альберто легли тени еще темнее – точно все впадины лица стали еще глубже, а выступы – еще резче; через лоб, наискось, вздулась, как бечевка, синеватая жила.

Он машинально схватил весла и двумя-тремя ударами двинул лодку на несколько сажень вперед; потом со стуком положил весла на борт и скрестил на груди мускулистые голые руки.

– Дело простое, синьор!– сказал он отрывисто и грубо, с враждою глядя прямо в лицо иностранца. – Зачем вы сбиваете с пути Джулию?

Иностранец широко раскрыл глаза.

– Я сбиваю с пути Джулию?! Альберто! Во-первых: как вы смеете задавать мне такие вопросы? Во-вторых: откуда вы эту глупость взяли? Какая сорока принесла вам ее на хвосте?

– Простите, синьор!– по-прежнему хмуро возразил Альберто. –

---

[2] Матрос (ит.).

2

Конечно, я помню расстояние между нами... Но когда вопрос касается моей невесты...

– Невесты?!– перебил иностранец. – Джулия ваша невеста? Давно ли?

– Я посватался к ней в день Троицы.

– И она приняла ваше предложение?

– Нет, не хочу лгать. Она мне не сказала ни "да", ни "нет". Сказала: "Ты подожди, а я подумаю..." Она ведь так еще молода, синьор. Но она скажет "да", синьор. Клянусь вам, что скажет... Если только... если...

Он замолчал и исподлобья, косо поглядел на иностранца.

– По вашей выразительной физиономии легко догадаться, что значит это "если", – усмехнулся иностранец. – Не косите так страшно глаза, Альберто... Вылитый Таманьо в "Отелло". Успокойтесь. Мне столько же дела до вашей Джулии, сколько – вон до той волны, что бежит на нас... Посмотрите, какой чудесный, белый гребешок на ней, как он змеится и зыблется... Вот бы зарисовать!.. Да! Так о Джулии-то... Она красивая девушка... Даже очень красивая, чрезвычайно; если хотите, редко такую можно встретить. Я художник, родился я на севере... Ух, Альберто, на каком севере! Вы бы в моем Петербурге умерли от хандры... Я его и сам терпеть не могу. Всегда и отовсюду меня на юг тянет: и жизнь здешнюю люблю, и работать здесь хорошо. И темы моих картин – все ваши, южные: голубое небо да горячее солнце... Вот теперь затеял писать "Миньону". Вы ведь, кажется, были у меня в мастерской, видели наброски...

Альберто утвердительно кивнул головою. Художник продолжал:

– Более подходящей модели, чем ваша Джулия, я и представить себе не могу. Я натурщиц десять переменил, пока не набежал на нее. С нею моя работа идет успешно, и я очень благодарен ей за это. Затем, у нас с Джулией точно такие же отношения, как с вами. Вы возите меня в лодке по морю, – это доставляет мне удовольствие, – я вам плачу. Джулия позирует для меня час-другой, – это доставляет мне пользу, – я ей плачу. Вот и все. Мы друзья с нею, как друзья с вами. Вы знаете, что я люблю ваш народ и, если не ошибаюсь, то и меня здесь любят. Вообще, я очень люблю, чтобы меня любили... Я с Джулией ласков, болтаю, шучу, пою ей иной раз русские песни, а она мне – Sarta и Chiave[3], в карты раза два играли, как и с вами, Альберто. Что же сказать вам еще? Я сделал десять набросков с ее прелестной головки; сделаю еще пять, – моя "Миньона" окончательно выяснится у меня в мыслях, и я уеду в Рим, вместе с пятнадцатью Джулиями в карандаше и красках, а вы останетесь с настоящею. И чем скорее это будет, тем лучше, потому что мне ваше Виареджио уже надоело.

---

[3] Сарта и Шива (ит.).

3

Лицо Альберто несколько прояснилось; он медленно взялся за весла и, задумчиво глядя вдаль, пенил воду, заставляя лодку вращаться на одном и том же месте.

– Все это так, синьор, – нерешительно сказал он, – я и сам полагал, что такой прекрасный господин, как вы, не захочет ставить ловушку бедной девушке. Но ведь вот оказия! Беда приключается не потому, что ее ищут, а сама приходит, незваная. Вы, – я вам верю, – вы ничего не хотели дурного, синьор, а девка-то в вас влюбилась. Честное слово, влюбилась...

– Полно вам, Альберто! У вас – бедных южных чертей – воображение вечно отравлено любовью и ревностью...

– Нет, уж вы мне, синьор, поверьте. Ведь я ее люблю. А у нас, влюбленных, на этот счет особое чутье. Мы чуем соперника, как собака лисицу. Да... наконец, она и сама довольно ясно намекнула мне на это...

– Вот как! Интересно...

– Она, синьор, думает, что вы и в Виареджио-то живете ради нее...

– В этом, как вы слышали, она и не ошибается.

– Нет, – для нее, для нее самой, а не для картины... Мечтает, будто вы возьмете ее в Рим, а потом и в Россию. А картина –это так, один предлог, любовная маска. На днях я спросил ее: "Джулия, как же ты надумалась относительно меня?"

А она мне в ответ: "Никак, Альберто; погоди, куда ты спешишь, чего боишься?" – "Как, – говорю, – мне не бояться за тебя, Джулия? Девчонка ты молодая, красивая, – вон с тебя картину даже пишут; служишь ты на народе, при купальнях, все форестьеры вьются около тебя, ухаживают, врут глупости, а ты слушаешь, развесив уши. Думаешь, – мне это сладко? Как же! Я бы им, приезжим дьяволам, – простите, синьор, это не про вас, – головы попроломал веслом, кабы меня хозяин не прогнал за это с места. Сделай милость: женимся скорей да и бросим все эти пустяки". Она, синьор, смутилась этак, замялась... "Выйти за тебя, Альберто, можно бы, да ведь это значит так навеки и похоронить себя в трущобе этой, в Виареджио". – "А куда же нам еще? Тут у меня и домишко, и земелька, тут и дед, и отец мой жили, всякий меня знает и почитает, даже господа форестьеры, как приедут на сезон, сейчас же спрашивают: "А где Альберто?" Она поморщилась, вздохнула... "А мне бы,– говорит, – хотелось уехать отсюда – куда глаза глядят, далеко-далеко... Скажи-ка, Альберто, – ты моряк, бывал в разных краях: что это за страна такая – Россия? Какое в ней солнце, и как люди живут?.." Слышите, синьор?

– Слышу. Дальше.

– Я, дурак, принялся ей рассказывать, как мы стояли в Одессе с грузом, но вдруг у меня в голове, знаете, просветлело... "Вот что!– думаю, – вот ты какая!.." Весь я тут, синьор, закипел и стал ее ругать!..

4

– Джулия?

– Известно, в долгу не осталась – тоже меня ругала...

– А затем?

– Я обещал ее прибить, если она не поумнеет, и решился поговорить с вами. Дня два не осмеливался, а вот... Оставьте вы Джулию, синьор! Ну ее к бесу, эту вашу картину!..

– Как "ну ее", Альберто? Бог с вами! Да ни за что. Я не ремесленник, не поденщик – мне мое искусство дорого.

– Вам жаль малеваного полотна, – укоризненно качая головой, перебил Альберто,– а живых людей вы не жалеете. Ведь вы нехотя можете погубить девку, а с нею – и меня. Да уж что скрывать? Прежде, чем меня-то, – и себя. Потому что, если Джулия меня бросит, – мне жить не для чего, но обиды этой я ни вам, ни ей не прощу... А у нас в Тоскане, – вы знаете...

– Вы меня не пугайте, Альберто, – серьезно остановил художник, – я этого терпеть не могу. Говорят же вам, черт возьми, толком, что до вашей Джулии мне нет никакого дела!

– Ах, синьор! Да ведь Джулия молода, красива, любит вас. Что же вы – деревянный, что ли? Сегодня нет дела, завтра нет дела, а послезавтра, глядь, и закипела кровь... А бедному Альберто что останется? Ножевая расправа – вот что! Вы думаете, очень мне хочется этого? Думаете, большая сласть – губить чужую и свою душу? Бросьте вы эту картину, синьор! Право, бросьте! Ну, пожалуйста! Умоляю вас! Для меня бросьте!..

– Чудак вы, Альберто!

– А то найдите себе другую, – как вы ее там зовете? – Миньону, что ли?.. Не одною Джулией свет сошелся. Посмотрите на рынке фруктовщицу Анунциату: чем не красавица?

– Видел. Хороша, да не подходит. Когда буду писать какую-нибудь Лукрецию или Виргинию, ее возьму, а теперь – спасибо. При том у Анунциаты, наверное, тоже есть какой-нибудь свой Альберто или Изидоро, которому мои сеансы станут поперек горла. Нет, Альберто, – и картины я не брошу, и Джулию ревновать вам нет резона... Тем более, что скоро конец...

– Ничего из этого конца не выйдет доброго, синьор. Оставьте Джулию.

– Да слушайте же вы, упрямая голова!– уже вспыхнув, возвысил голос художник. – Неужели вы не понимаете, что вы, собственно, даже и права-то не имеете приставать ко мне с этим? Какой вы жених Джулии? Она вас не любит; пойдет за вас или нет – неизвестно, вы сами сознаетесь. Я бы мог оборвать вас по первому вашему слову. Но я несколько научен

5

понимать людей и чувствую, как вам скверно. Слушаю вас, хочу вас успокоить, а вы, зажмурив глаза, лезете, как баран лбом на стену, на меня – человека, который не сделал вам ничего, кроме хорошего. Ладно. Вы ревнуете Джулию ко мне. Зачем же вы не ревнуете ее ко всей этой золотой молодежи, что окружает ее у купален, нашептывает ей нежности, берет за подбородок, щиплет, обнимает? Ведь у меня в мастерской никогда не бывает ничего подобного, да и быть не может.

– Я знаю, синьор.

– А сколько раз я видал, Альберто, что вы смотрели на такие проделки с самым философским равнодушием... Да и сами вы – какой святой! Джулия еще ни разу не царапала вам глаза за то, как вы учите форестьерок плавать?

– За что же, синьор? Это ремесло. Она – купальщица, я – marinajo. Во всяком деле есть своя манера, с этим надо мириться.

– Вот как! Отлично. И у меня есть своя манера: брать хорошую натуру там, где я ее нахожу. Вы женщин купаете, а я – рисую, значит, и останемся каждый при своем. Вы не уступаете мне свою Джулию, – кстати, мне ее и не надо, – а я не уступлю вам своего права ее написать...

– Это ваше последнее слово, синьор?

– Последнее, решительное, окончательное, – и баста толковать об этом!

Альберто побледнел так, что у него глаза сразу окружились темными венчиками и нос как будто заострился...

– Так вот же вам, синьор, и мое последнее слово, – сказал он тихо, раздельно и внятно. – Я... я вам не верю. И если Джулия еще раз будет у вас в мастерской, мы – враги. И... чем скорее уедете вы из Виареджио, тем лучше для вас.

– Кажется, вы опять грозите мне, Альберто? Что же, вы убьете меня, что ли?

– Я ничего такого не сказал, синьор. Но я – тосканец и сумею постоять за себя.

– Очень хорошо. Стойте!– ваше дело. А теперь не угодно ли вам будет повернуть лодку к берегу, потому что вы страшно надоели мне, Альберто, и отравили всю мою прогулку...

– Синьор...

– Так, что признаюсь, меня сейчас разбирает большая охота взять вас за горло и швырнуть в воду. Ведь я втрое сильнее вас. Но так как это гимнастическое упражнение представит некоторые неудобства для нас обоих, то лучше – к берегу, Альберто, к берегу.

II

"Вот не было печали, – черти накачали!– думал художник, идя медленным шагом от моря в свой отель. – Терпеть не могу всяких историй, а уж особенно романических. Да еще здесь. Народ-то они добрый, эти тосканцы, но только в каждом из них сидит черт; сидит и спит; а чуть разбудишь его, – сейчас и пошла поножовщина. Но и отступать я тоже не имею охоты. Это значило бы струсить, – раз. Два: что же я буду делать без этой девчонки? Мне моя Миньона денег стоит. Так вытанцовывается, что, пожалуй, на будущей передвижной окажется лучшим полотном... С Третьякова хорошие капиталы взять можно. А без Джулии ни беса лысого не выйдет, не то что Миньоны. Эта девчонка открыла мне настоящую линию, и я чувствую, что если уйдет она, то, пожалуй, и линия уйдет. И выйдет у меня вместо Миньоны либо какая-нибудь девка-чернавка, либо тусклятина с правильным рисуночком: руки в боки, оки в потолоки! Как всегда, наш брат пишет, когда имеет мысль, но теряет вдохновение: весьма много "идеалу" и еще больше бесцветности..."

– Ларцев! Андрей Николаевич! Андреа дель Сарто!– окрикнул художника ленивый мужской голос.

Художник поднял глаза и на балконе, повисшем над двумя совсем пунцовыми от цветов олеандрами и олеандрами же густо заставленном, увидал своего заграничного знакомого, Дмитрия Владимировича Лештукова. Он сидел в тени, перевесив одну руку через перила балкона, а из другой сделал щиток над глазами и, жмурясь от белых отсветов залитого ярким солнечным блеском дома насупротив, ласково улыбался художнику.

– Вы с моря? А я не ходил. Ну их, надоели...

– Кто надоели?

– Волны надоели.

– Да помилуйте, море сегодня, – как есть, – барашек! Волна–одно только звание, что волна. Кроме приятного массажа, ни на что не годится; так, – чешет тебя слегка и, как говорил Иван Федорович Горбунов, шерсть со шкуры сводит...

– Ну и благо желающим! А я их – волн ваших – видеть сейчас не могу. Что это море разделывало на заре, – вы и представить себе не можете! Ведь вы, конечно, по обыкновению, проспали часов четырнадцать сном праведника?

– А вы, конечно, по обыкновению, изволили блуждать всю ночь бессонною тенью?

— Нет, я спал; выпил вчера на ночь фиаску chianti[4] и завалился около полуночи в постель. И тотчас же начало мне сниться, будто я солдат, будто я бежал из полка и будто меня за побег гонят сквозь строй. И барабаны – большие турецкие барабаны, штук десять – дробь выколачивают. Просыпаюсь, а это, изволите ли видеть, ласковое пение голубой средиземной волны. Два часа, тьма египетская, сна – ни в одном глазу. Понятное дело, – встал, сел читать...

— Небось своего Ломброзо?

— Ломброзо. Море рычит-рычит да ахнет, рычит-рычит да ахнет, и что хуже: этот ли его постоянный рык или это промежуточное аханье, – не могу сказать вам. Знаю только, что если бы я мог старика Нептуна, вместе с его конями, отдать на живодерню, ни минутки не задумался бы – и пропадай вы все вместе: поэты, художники, музыканты и прочая публика, кормящаяся морскими вдохновениями. Однако, что же вы там стоите? Зашли бы. У меня здесь chianti с места, di prima qualita[5], сифон, лед, коньяк, – все, что требуется по нашему туристскому положению.

— Это с утра-то? – протестовал художник. Однако зашел.

— Могу сказать: хорошо вы выглядите сегодня!– заговорил он, усаживаясь в кресло против Лештукова.

— А что? Некрасив?

— Нет, нельзя сказать, довольно даже интересен; ежели показать барышне с чувствами, – будет тронута: Гамлета, принца Датского, – хоть отбавляй. Только знаете что? Полечились бы вы от бессонниц. Эта гамлетистость сильно на лихорадку смахивает. Розовые тона, милый человек, лучше всего.

— От чего лечиться, когда я совершенно здоров? Я вон вчера в лагерь к берсальерам[6] попал; шутки ради, малость пофехтовали, – троих затомил, а сам был вот такой же, как теперь меня видите. А хотите гонку устроим? На веслах в Специю или в Ливорно? Вы, я да Альберто; с Альберто пойду вровнях, а вам, пожалуй, час вперед дам. А что не сплю я, – тому имеются причины. Оставим меня. Как поживает Миньона?

— Двигается, быстро двигается. Да что, батюшка! Я, признаться, в большом смущении.

Андрей Николаевич передал Лештукову свое объяснение с Альберто. Лештуков слушал его, прищурив глаза, как бы в полудремотном состоянии.

---

[4] Кьянти (ит.) – тосканское вино.
[5] Первосортное, высшего качества (ит.).
[6] Стрелки (ит.).

– В достаточной степени глупо, – вяло сказал он, когда художник умолк, – и, признавайтесь уж по чистой правде!– у вас, в самом деле, нет ничего с этой Джулией?

– Уверяю вас – нет.

– То есть, как есть ничего, – ни-ни?

– Вот именно ни-ни.

– Да я не говорю вам про что-нибудь серьезное: роман, связь, – а так, может быть, маленький флирт?

– И флирта никакого не было.

– Напрасно!

– Вот тебе раз! Почему же это?

– Вы как-то раз проходили вместе с нею мимо моих окон. Я и пригляделся. Этакая вы славная парочка крайностей. Она – воплощенный юг, молодой, сильный, огненный... вот с этим солнцем, что выращивает эти пламенные цветы, с этим солнцем, под которым, кроме любви, и думать-то ни о чем невозможно... У меня когда-то родилось довольно нелепое четверостишие, – уж не помню, право, почему и для кого я его написал:

Темны и тихи были очи,
Как полночь южная сама,
Но всеми звездами полночи
Горела ярко эта тьма!

Ничто не исчезает из мира. Всякая нелепость на что-нибудь пригодится. Даже и стихи. У вашей Джулии такие глаза. Ведь правда?

– Да, оно точно, глаза забористые.

– А вы, Ларцев, – север. Если доживете до карнавала в Риме, нарядитесь-ка рыжебородым Тором. А? Что вы на это скажете? Плечища у вас – косая сажень, волос больше, чем полагается даже для художника, бороду вы украли у Рубенса, а засим, примет особых нет, лицо чистое, нос и рот обыкновенные, как пишут в паспортах. Вы когда-нибудь бываете не в духе? Злитесь?

– Нет, злиться подолгу не случалось. Вспылить могу. В ярость раза два в жизни приходил.

– У вас, должно быть, глаза тогда совсем белые становятся, этакие большие, жестокие и со стальным отливом. Ведь правда?

– Не знаю, может быть. В зеркало не смотрелся. Да что вы меня разбираете по статьям, точно лошадь? В роман, что ли, всунуть хотите?

– Не знаю, может быть, и в роман. Чем же вы не герой романа? У вас,

9

кстати, и сюжетец наклевывается. Но насчет глаз – это я не потому. Был у меня, видите ли, приятель, такой же, как вы: белокурый, краснощекий господин, с вечно голубым светом в глазах. Но в один прескверный день увидал я своего краснощекого друга вместо розового бледно-серым и с глазами, как две большие оловянные ложки. Тупой, пристальный взгляд, веки не мигают, выражения никакого: смотришь в эти глаза и не оторвешься, точно загипнотизирован. Вижу: ни сознания, ни памяти, ничего живого не осталось в человеке. Стоит предо мною – не рассуждающая, заведенная на ярость машина великого гнева и мести. А потом он, не говоря мне дурного слова, вынул из кармана револьвер и принялся в меня палить.

– В вас?

– Да, в меня. Я у него жену увез. Два месяца мы с этой дамою путались по Европе, а он нас повсюду по Европе искал. Нашел в глухой нормандской деревушке, где мы ужасно скучали, – я ей надоел, она мне надоела, – оба думали об одном: как бы нам попристойнее и поэффектнее устроить решительную любовную ссору и благородный разрыв. И вдруг, накануне, так сказать, самого благоприятного конца романа, является этот бешеный с своим револьвером. Три раза в упор стрелял, сюртук мне испортил, и если бы не серебряный портсигар в кармане, я бы, конечно, не имел удовольствия с вами сейчас разговаривать.

– Так-с. А дальше?

– Я не помню, каким образом вырвал у него револьвер, и опять-таки не постигаю, когда мой Отелло успел впасть в истерику. Бьется человек на полу, как Геркулес в отравленной тунике, хватается за мебель, – ножки у кресел трещат. Я на него целый умывальник воды вылил да в нутро ему графина два влил. Очнулся, сидит, дрожит, молчит. И я сижу, молчу. Потом вдруг молит меня – тихим таким, смирным голосом: "Где Ольга, Дмитрий Владимирович? Верни ты мне ее! На что она тебе? И прости мне все, что было!" Конечно, я ему простил... Отчего же не простить? Сюртук не Бог знает каких денег стоит. А вот он-то простит ли меня? Его горе – не дыра на сюртуке. Я тогда сейчас же вышел из дому, даже вещей не собрал, рукопись начатую на столе бросил, сел в поезд и уехал в Париж. И больше мы ни с этим господином, ни с супругой его никогда не встречались.

– У вас таких историй много, Дмитрий Владимирович?

– Был молод – был глуп. Теперь все это – дела давно минувших лет. Шампанское выпито – остались кислые подонки. Итак, Джулия – юг, вы – север. Вы – рыжебородый Тор, она – Миньона. Вы – трансальпийский варвар, явившийся покорять прекрасную Италию, она – прекрасная Италия, желающая быть покоренною.

– Вы ошибаетесь! Я вовсе не собираюсь покорять. По правде сказать, она мне вовсе не нравится. Она для картины хороша, под мысль мою подошла. А как женщина, она не в моем вкусе...

– Джулия? Не в вашем вкусе?! И вы смеете в этом признаваться? Вы? Художник? Она красавица, по всем правилам искусства красавица! Если она вам не нравится, вы изменяете девизу вашего цеха. Поклонение красоте – вот ваше художницкое дело. По-настоящему, вы, художники, должны чувствовать себя в жизни так, как мы, грешные, чувствуем себя только в музеях. Нам, чтобы замечать красоту, нужно ее собирать, выставлять, группировать. Вы, призванные эту красоту воспроизводить из мрамора и красок, обязаны ловить ее повсюду, хватать живьем, вечно стоять на ее страже и наготове преклоняться пред нею! Да что с вами говорить! Я не художник, я не имею дела, как вы, с этою поэзиею живых форм, с поэзиею тела, с этой осязательною, наглядною красотою, такою понятною, простою и такою великолепною. Мы, мученики стального пера,– бедняки в сравнении с вами, счастливцы – вы! Нас отвлеченности давят, нам теории поперек горла становятся, то скорбь гражданская, то скорбь мировая, от нас не красоты – тенденции да "серенькой действительности" требуют; а вы, блаженные, идете тропинкою, обложенною справа и слева розовыми кустами. Вы имеете дело не с серенькою, а с самою непреложною действительностью, какая только есть на свете – с красотою. Ох, как я понимаю этих каналий-греков, Андрей Николаевич, со всеми их Аполлонами и Венерами! Вы верите в переселение душ? Знаете, я иногда думаю, что некогда, в той толпе, которая преклонилась пред входящею в море Фриною, я был не последним крикуном... Вы что-то хотели сказать?

– Нет, ничего... Посторонняя мысль... – отозвался художник, с легким оттенком смущения в голосе и чуть-чуть краснея.

Лештуков внимательно взглянул ему в лицо, и брови его дрогнули.

– Вы еще очень молоды, – отрывисто сказал он.– У вас на лице можно читать, как в развернутой книге, а это нехорошо. Века, когда глазам полагалось быть зеркалом души, давно прошли. Хотите, я назову вам вашу "постороннюю мысль"? Ведь она обо мне была?

– Уж если вы такой проницательный, – принужденно засмеялся художник, совсем пунцовея, – то – да. Мне хотелось сказать: "Как же вы-то сами, вы – такой поклонник истинной красоты – равнодушны к ее прелестям и..."

Художник запнулся.

– Договаривайте, – медленно сказал Лештуков, задумчиво глядя в сторону, – "И вместо того, чтобы богомольно благоговеть перед святыней

11

красоты, валяетесь бессильным рабом у ног – много-много что хорошенькой–интернациональной барыньки".

– Оставьте, пожалуйста! Я слишком уважаю Маргариту Николаевну, чтобы...

– Чтобы сразу назвать ее, в ответ на мое не весьма почтительное определение, по имени и отчеству, – с горькою улыбкою перебил Лештуков.– Полно! Вам не идет хитрить. Что ж? Вы правы. Логика моей жизни стала в последнее время вверх ногами. А только вот что я вам скажу, милый мой юноша: не судите да не судимы будете.

Лештуков встал; на скулах у него выступили розовые пятна.

– Есть в жизни закон возмездия, и кто легко прожил жизнь, попадает под этот закон там, где не ожидает. В молодости было много бито, граблено, напоследок надо, видно, самому быть ограбленным и убитым. Привычка быть любимым мстит за себя. Много серьезных мыслей, серьезных чувств обращал я в свое время в игрушки для легкого и приятного препровождения времени. И вот игрушки отомстили за себя, и, неисповедимою волею судеб, я сам теперь игрушка... Но довольно об этом и... давайте лучше пить лимонад с коньяком!..

III

Альберто – после того как молча расстался с художником у пристани – долго смотрел вслед Ларцеву, точно сравнивал мысленно свою силу с силою иностранца или искал на его богатырской спине места, куда ему удобнее будет пихнуть ножом.

– Альберто! Альберто!– окликали его из пестрой купающейся толпы мужские и женские голоса...

Было заметно, что этот бравый, смуглый молодец, с простоватым, но красивым лицом, с большою лапою "Умирающего гладиатора" и мускулами Геркулеса Фарнезе,– любимец всей купальни.

– Ступайте в воду, Альберто! Что вы болтаетесь без дела? – строго заметил ему хозяин – рыжеусый, вовсе не похожий на итальянца, отставной солдат.

Marinajo покрутил головой, проворчал сквозь зубы какую-то ругань и влез в море – мутное, зеленое, с проседью у берегов. Хлопая рука об руку и боком, по-сорочьи, перескакивая через набегавшие валы, он приблизился к limite – веревке, за которую воспрещается выходить не умеющим плавать. На limite повисла бодрая дюжина дам, – целая радуга

12

пестрых купальных костюмов. Дебелая немка, воспользовавшаяся модным покроем купального костюма, чтобы дать публике самое подробное понятие о всем мясе, каким, взамен красоты, наградила ее природа, тотчас же завладела Альберто. Он вяло влачил ее за руки, между тем как сама она, перехваченная поперек тела пробковым поясом, тяжело бултыхала по воде ногами.

– Вы точно пароход, – небрежно заметил Альберто и оставил купальщицу: она не принадлежала к его постоянной публике, – к публике, которая с ним острила, болтала, фамильярничала, принимала от него комплименты, а подчас и дерзости, обучала его коверкать слова и фразы всех европейских языков и за все это время от времени награждала его двадцатифранковиками.

Альберто обвел глазами ряд голов над перилами купальной веранды и нахмурился: он заметил Джулию, полускрытую огромным ворохом купального белья, в оживленной беседе с маленьким графчиком, приехавшим несколько дней тому назад из Вены прополаскивать в море свою наследственную золотуху.

– Нет, нет, нет!– звенел голос Джулии. – Нет, ваше сиятельство. Никогда! Ни за что?

– Один поцелуй, – шепелявил графчик, ковыляя за нею на слабых ножках.

– Поцелуй? Мадонна santissima![7] Давы разбойник, граф! Вы бес! Вы дон Джованни!

– Всегда жестока!

– Художник прав, – проворчал себе под нос Альберто. – Сколько народу увивается за этою девчонкой – уму непостижимо!

А Джулия звенела:

– Оставьте, граф, в самом деле. Альберто увидит. Нехорошо. Ведь я почти невеста.

– О, Альберто! Я не боюсь Альберто.

– А не Альберто, так ваша же выползет... Крашеная. Как там ее? Фу, шик дама! Волосы как огонь! Каблуки у ботинок – вот! Шляпа – вот! цветы на шляпе – вот! Прелесть, что за женщина! А вы хотите ей изменить?

Она захохотала, точно жемчуг рассыпала.

– Джулия, вы ангел!– завздыхал граф.

Но она с испугом толкнула его локтем – тем фамильярным жестом, который только итальянцы умеют делать и дружеским, и изящным:

– Осторожнее, вы! Ведь и в самом деле идет. Действительно, на

---

[7] Пресвятая! (ит.).

веранде показалась необыкновенно величественная дама, в совершенно нарочном туалете из Парижа и "сделавшая себе лицо", точно она собиралась не купаться, а ехала на премьеру в Grand Opéra или на Grand prix de Longchamps[8]. Тощий негритенок уныло нес за нею корзинку с купальным бельем и мантильею.

– О Иезус!– простонал граф: он в это самое время едва не поцеловал Джулию,– и поспешил юркнуть в кабинку налево.

Дама с негритенком столь же величественно протекла вслед ему, но, проходя мимо Джулии, не выдержала характера – окинула ее молниеносным взглядом. Джулия, закусив губы, рьяно развешивала белье по перилам. Но когда дама уже протекла мимо, девушка залилась новым смехом, пряча лицо в простыню.

Лештуков, когда расхваливал художнику красоту Джулии, ни мало не преувеличивал. Это была, действительно, одна из прекраснейших девушек, какие когда-либо рождались даже и под южным солнцем. Не большая и не маленькая, стройная, еще не совсем развитая фигура ее производила впечатление поразительной гибкости, юной, девической упругости. Она точно на пружинах была сделана. В ней было что-то дикое и вместе благородное. Черты ее лица были правильны, но полны жизни, – а это редко бывает с правильными лицами; кожа смуглая, но не грубая, янтарно-прозрачная, с румянцем, как на вызревающем персике; огромные глаза, – карие, а не черные, как казалось с первого взгляда благодаря длинным ресницам, – и ослепительной белизны зубы придавали этому вечно улыбающемуся ласковому лицу столько света и веселья, что стоило взглянуть на Джулию, и самому становилось – вместе с нею и за нее – весело. Вот, мол, счастливица, – как она любит жизнь, и как жизнь ее любит! Живет и радуется, не смущаемая завтрашним днем; сколько перед нею хорошего и светлого, и как беззаботно спешит она ко всему своему будущему навстречу!

Альберто сделал Джулии знак. По ее лицу мелькнула тень неудовольствия. Она с легким поклоном отошла от гостей, которым уже в это время служила, и нагнулась над перилами в то время, как Альберто поднялся до половины лестницы, спускавшейся с веранды в море.

– Ты долго ездил, – сказала Джулия низким голосом, с теми мягкими придыханиями, какими итальянский язык только в Тоскане и украшен. – Много заплатил тебе синьор Андреа?

– По обыкновению,– две лиры... Откуда у тебя эта роза? Альберто кивнул на темно-красный цветок,– точно кровавое пятно, – в волосах Джулии.

---

[8] Главный приз на скачках Длинного поля (фр.).

– Да он же дал, – синьор Андреа. Она была у него в петлице, когда он пришел сегодня, а потом он отдал цветок мне. Он очень любезный и добрый господин, и вежливый, совсем не похож на тех художников, что приезжают к нам из Рима... Те ребята добрые, только уж очень грубы, а иные и совсем нахалы.

– Дай-ка мне эту розу, – перебил Альберто.

– Изволь.

Альберто взял розу, понюхал, повертел в руках и далеко швырнул в море. Джулия изумленно открыла на него глаза во всю их огромную, сияющую ширину.

– Ты, я вижу, опять взбесился? – сказала она, сердито сдвигая тонкие брови, – скажи, пожалуйста, когда ты будешь умен?

– Таким умом, как ты хочешь – никогда!– проворчал marinajo, – а уж по части твоего художника – никогда в особенности. Эй, Джулия, берегись! У меня глаза есть!

– А у меня есть руки, чтобы их выцарапать, если ты позволишь себе еще раз так со мною разговаривать!– возразила девушка, гневно засверкав глазами, – как горсть алмазов из них бросила.

– Право, – хоть бы знать: откуда ты набрался дерзости? Откуда ты взял власть надо мною? Ведь я тебе сказала раз навсегда: дальше, что будет, посмотрим, а покуда ты мне ни муж, ни жених, ни любовник, и я делаю, что хочу...

– Хороших ты дел хочешь!– пробормотал Альберто, глядя между ступенек лестницы на всплески волн, качавшие чью-то купальную широкополую шляпу, – ты думаешь, я не вижу, к чему ты ведешь?.. Молодая ты девчонка, а уже завертеться хочешь! Ну да ладно, – этому не бывать! Признавай ты мое право или не признавай,– это твое дело, а мое право – следить за тобою и тебя беречь. Мы с твоим художником сейчас поговорили начистую. Ты к нему больше позировать не пойдешь!

Джулия гордо откинула назад головку и презрительно улыбнулась.

– Вот как! Это, значит, ты мне запретишь?

– Не тебе, – возразил Альберто, – я знаю, что ты упряма, как сто коз, и, если тебе что-нибудь запретить, ты нарочно будешь это делать, – а ему.

– Ты, Альберто, – возразила Джулия, – кажется, воображаешь, будто ты один мужчина на свете, а остальные – все бабы и тряпки. Прикрикнешь ты на них, и они спрячутся по углам и все сделают по-твоему, тебе в угоду... Запрещать такому человеку, как синьор Андреа, легко на словах...

– Ты увидишь! ты увидишь!– стиснув зубы, говорил Альберто.

– И ты думаешь, что он тебя послушает?

– Послушает, если...

– Ну? – вызывающе кинула ему Джулия.

– Если жив быть хочет.

– Э?! угрозы?.. Вот что!.. – Джулия выпрямилась. – Так знай же ты, мой любезный, что – послушает тебя синьор Андреа или не послушает, – мне дела нет! Я – слышишь ты это? – я, а не он, – хочу, чтобы все было по-прежнему, и я буду ходить к нему, и он будет рисовать меня. Я хочу быть на его картине. Хочу, чтобы меня видели в Риме, и в России, и на всем белом свете, чтобы все знали, что была такая девушка, как я... такая красивая!.. И ты в это дело не мешайся! говорю тебе! Будешь много сторожить меня, – не устережешь, а, наоборот, я на зло тебе так сделаю, что я тебя вовсе потеряешь... Слышал?..

– Слышал!– угрюмо процедил сквозь зубы Альберто... – Мое дело – предупредить, а послушаться или нет – ваше...

– Buon giorno, signor russo![9]

Он почтительно раскланялся с Лештуковым, который быстрым твердым шагом всходил по мосткам на веранду.

– Buon giorno, signor!.. – любезно улыбнулась ему и Джулия.

Лештуков бросил на девушку рассеянный взгляд и, дотронувшись рукой до серой шляпы, пошел дальше...

– La Signora non è pronta ancora![10] – крикнула ему вслед Джулия, – она недавно только вышла из воды и одевается в кабинете...

– Ну и прекрасно... – пробормотал Лештуков, садясь верхом на перила. – Здравствуйте, Джулия! Как поживаете? Впрочем, что же и спрашивать? Хорошеете, здоровеете и цветете.

Девушка засмеялась.

– Даже вы заметили? Вот чудо-то, signor!..

– А вы, ragazza mia[11], разве считаете меня слепым?

– Нет, у вас глаза и зоркие, и... красивые,– только они не для нас, бедных! У вас глаза, как магнитная стрелка: всегда их тянет в одну точку к... к Полярной звезде!– по сторонам не заглядываются... Зачем синьор так запоздал? Пришли бы раньше, – увидали бы, как синьора Маргарита плавала... Она делает успехи... Сегодня уплыла далеко-далеко в море... Мы даже испугались: хозяин хотел плыть за нею...

Лештуков с хмурым любопытством взглянул в лукавые глаза девушки, хотел что-то сказать, но, спохватившись, равнодушно протянул долгое "гм" и затем заговорил – вместо того, что хотел сказать, – совсем другое.

---

[9] Добрый день, синьор русский! (ит.).

[10] Синьора еще не готова! (ит.).

[11] Моя девочка (ит.).

16

– Когда ваша свадьба, Джулия?

– Свадьба, signor?! Я и не мечтаю о свадьбе.

– Вот как! А я, признаться, думал, что вы невеста Альберто.

– Альберто – добрый малый, синьор, но... чтоб идти за него замуж... нет, синьор, я подумаю и еще много раз подумаю.

– Смотрите: не продумайте своего счастья.

– О, я имею право ждать... Вы, может быть, думаете, что я бесприданница, синьор?

– Миллионов Ротшильда у вас, во всяком случае, нет.

– Но, право же, очень кругленькая сумма в городском банке, синьор. Конечно, – по нашим здешним понятиям: что скопила, услуживая дамам при купальнях. Я отношу на текущий счет все мои сбережения, синьор, каждую субботу. И всегда золотом.

– Так что вы сделаете своего будущего мужа маленьким капиталистом?

– Ну уж нет! Только мужем. Довольно с него и этого удовольствия. Конечно, если я выйду замуж здесь, в Виареджио.

– А вы непрочь бы увидать свет и дальше?

– Как знать судьбу, синьор? Кто может предчувствовать, куда, тебя бросит будущее и с кем. Я ведь мечтательница. Верите ли? Когда моя служба кончается, купальни закрыты, ночь над землею и пусто на берегу, я часто прихожу сюда на веранду и сижу одна, одна... Море и небо кругом, небо и море... И звезды... Огромные, зеленые звезды. Вот Большая Медведица. Вот Вега, вот Полярная звезда. Она водит по свету путешественников и мореплавателей. Это и ваша звезда, синьор, потому что вы тоже путешественник. Она моя любимая, синьор. Найду ее на небе да так уж больше с нею и не расстаюсь. Тянет она меня к себе, манит. Только позови, только прикажи.

Глаза Джулии опять алмазами рассыпались... Лештуков покачал головой.

– Знаете ли, что я вам посоветую, Джулия? Поискали бы вы, вместо звезды Полярной, какую-нибудь звездочку попроще да поближе к себе. Здесь они у вас приветливее и светлее сияют.

Яркие краски прелестного лица Джулии сразу потускли.

– О, синьор, – возразила она, и в голосе звучала горькая обида. – Я сама знаю, что это мечты, только мечты. Что со мною будет, угадать легко... Выйду замуж за булочника или бакалейщика, откроем торговлю или таверну. Ха-ха-ха! только мужу в руки дела не дам. Что мое, что твое, – все оговорю в свадебном контракте. Нарочно в Пизу поеду, оттуда адвоката привезу.

— Это неглупо, Джулия,— одобрил Лештуков, делая вид, что не замечает ее недовольства. — А добираться до полярных звезд и далеко, и мучительно: это – труднодостижимые, холодные звезды; они светят, да не греют, Джулия... Верьте слову опытного друга!

— А если б, синьор опытный друг, я сказала вам то же самое?.. вы послушались бы меня?

— Ха-ха! Вы лукавая девочка, Джулия!..

— Какою мать родила, синьор!..

— Ma... ecco la signora!¹²

IV

Решетчатая дверь кабины отворилась, и на пороге появилась женщина. На лице Лештукова растаяли все облака, наслоившиеся на нем после бессонной ночи. Точно его солнцем пригрело, точно в жилы ему прибавили фунт свежей, молодой крови.

— Я здесь, как видите, - сказал он, кланяясь, - я не мог вас проводить, зато не вытерпел, пришел за вами...

— Я знала, - отвечала женщина звонким, высоким голосом, улыбаясь Лештукову всем лицом – круглым, розовым, неправильным.

На щеках у нее дрожали ямочки, а большие, внимательные глаза были полны того довольства, какое бывает у людей лишь в то время, когда им везет счастье в чем-нибудь давно желанном или задуманном. Это была стройная, гибкая женщина с движениями, полными нервной силы, – по первому взгляду можно было сказать, что пред вами существо, которое нервами живет и вознёю с ними занимает три четверти своей жизни. Вся в их власти, она – то полумертвая, вялая, безынтересная, даже не красивая; то выпадет такой счастливый денек, что она может смело соперничать с самой эффектной красавицей. Подобных женщин создают туалет и настроение. Сегодня туалет был выбран как нельзя удачнее, нервы отдыхали, – и Маргарита Николаевна Рехтберг показалась Лештукову интереснее, чем когда-либо.

— У вас прекрасный вид, - сказал он. - И я теперь особенно рад этому. Вы здоровы, – и, значит, вы спокойны. А, признаюсь вам, – пора. Черт знает, какую неделю мы прожили! Море гудело, вы кисли и... passez le mot!¹³ тоже гудели... Но вот – хвала небесам – выглянуло солнышко.

---

¹² Однако... синьора! (ит.).

¹³ Извините за выражение! (фр.).

– А вам так скучно было его ждать? – бросила быстрый вопрос Маргарита Николаевна,– так вы бы не дожидались, ушли.

Лештуков покачал головой и засмеялся, растроганно и тепло глядя ей в смеющиеся глаза.

– Зачем? Я ведь знаю, что после ненастья солнышко светлее светит, теплее греет и краше выглядит. А ненастье – вещь скоро преходящая.

– Однако знаете: неделя ненастья – неделя пропащей жизни... Разве у вас их так много в запасе?

Лештуков молча снял шляпу и склонил пред Маргаритой Николаевной свою черную, мохнатую голову: там и сям поблескивали нити седины.

– Вот видите, – сказала Маргарита Николаевна, – уже снежок заметен. Ох, милый друг, "не теряйте дни златые – их немного в жизни сей".

Лештуков вместо ответа принял театральную позу и, указав на ряд парусов, острыми треугольниками серевших на горизонте, произнес трагически:

> Под ним струя – светлей лазури,
> Над ним – луч солнца золотой,
> А он, мятежный, просит бури,
> Как будто в бурях есть покой!..

– Ах, пожалуйста, не пугайте меня стихами. Я их боюсь. Поэты, по-моему, все равно, что пророки: они изрекают афоризмы и сентенции, которых мы, простые смертные, не понимаем, которые нам, простым смертным, решительно ни на что не нужны, а все-таки мы насильно обязаны считаться с ними, потому что они "божественный глагол". И какие там бури?.. Бури... гм... Могу сказать!.. Просто серенький, кислый, дробный северный дождик, неизвестно зачем заплывший под это чудесное небо. Я хандрю, а вы мне аккомпанируете. Это делает честь вашей любезности и терпению, но не делает чести вашему благоразумию и вкусу. Если бы я еще, в самом деле, была способна на какую-нибудь бурю, – куда ни шло!.. Но семидневный дождик – брр... Как вы думаете: если бы король Лир, вместо того чтобы попасть на одну ночь под ливень, гром, молнию и прочие бутафорские прелести, обязан был скитаться семь дней под осенним дождичком? Этак, знаете, – кап... кап... словно сквозь мелкое сито... И над головою серая туча, скучная, пухлая, надутая, точно провинциальная чиновница с флюсом? Я уверена, – Лир или возвратился бы к своим преступным дочерям, или, по крайней мере, попросил бы зонтика.

19

– Зонтиком-то обзавестись и я бы не прочь, – улыбнулся Лештуков...

– Да и обзаводитесь, – быстро отразила Маргарита Николаевна, – жаль только, что скверным... Поди, коньячная порция уже принята?

– В самых скромных размерах.

– Работали бы лучше.

– Дело не медведь: в лес не уйдет. Нельзя служить сразу двум богам.

– То есть?

– Вам и литературе.

– Как это лестно для меня! Но позвольте: два месяца тому назад, при первых наших встречах, вы меня уверяли, что я проливаю свет на ваш образ мыслей, открываю вам новые горизонты, что я ваше вдохновение, в некотором роде суррогат Музы. И вдруг... о, небо! Верьте после этого мужчинам!

– Вы вот стихов не любите, – отшучивался Лештуков. – А ведь за мной в этом случае какой адвокат-то стоит: сам Пушкин.

– Пушкин? "Пушкин – это старо", – говорила одна моя подруга. Но у меня слабость к умным старикам. Что же говорит Пушкин?

– "Любя, я был и глуп, и нем..."

– Конечно, если уж сам Пушкин... Отчего же в компании с ним не почувствовать себя глупым? Но вы знаете выражение Виктора Гюго: "Я предпочел бы умный ад глупому раю". А я предпочла бы умного... даже Лештукова – глупому... даже Пушкину.

Лештуков опять задекламировал:

Погасший пепел уж не вспыхнет;
Я все грущу, но слез уж нет,
И скоро, скоро бури след
В душе моей совсем утихнет.
Тогда-то я начну писать
Поэму песен в двадцать пять!

Маргарита Николаевна засмеялась, – ямочки на ее щеках заиграли.

– Вы сегодня строите шута. Но это лучше, чем пить... А все-таки исправьтесь.

– Совсем прикажете исправиться? Так, чтобы – начать "поэму песен в двадцать пять"?

Маргарита Николаевна окинула его с ног до головы взглядом смеющимся и счастливо туманным. У нее странно шевельнулись плечи и капризно задрожала насмешливая нижняя губка.

– Нет, – полушепотом бросила она из-под веера Лештукову, – совсем не надо... Это, кажется, мне будет самой дороже... а слегка, немножко... ну, хоть на столько, чтобы не смотреть на меня такими выразительными глазами... Ведь это не глаза, а вывеска, на которой всякий прохожий может прочитать; "Лештуков и Рехтберг. Патентованная фабрика всеобъемлющей любви по гроб..."

– Без отпуска ни оптом, ни в розницу!– с кривою усмешкою возразил Лештуков.

Она сделала вид, будто не слышит, и трещала скороговоркою:

– А затем давайте вашу руку и ведите меня в отель завтракать: я – как ваш Ларцев выражается – "проплавалась и в аппетите".

– Hübsches Paar![14] – сказал солидный, добродушного вида немец другому, такому же солидному и добродушному, когда Лештуков под руку с Маргаритой Николаевной спускались с веранды к сыпучим береговым пескам.

Джулия пожелала им здоровья и обдала их при этом целым фейерверком искр из своих горячих глаз.

– Вот, господин искатель сильных ощущений, в кого вам следовало бы влюбиться!– сказала Лештукову его дама. – Вы эстетик, а она – красавица. Вы ищете в бурях покоя, а у этих южных девчонок, у каждой сидит по черту в душе и по три – в теле, так что по части бурь вы будете совершенно обеспечены... Что вы смеетесь?

– Мне сегодня удивительно везет на разговоры об этой Джулии.

– Зачем же скромничать? и с самой Джулией, – прибавьте. Я видела, как вы красовались пред нею на перилах. Для человека, который уверяет, будто бы не в состоянии "начать поэмы песен в двадцать пять", очень эффектно, клянусь вам.

– Я ее учил уму-разуму. У них тут завязалась чепуха...

И он коротко передал Маргарите Николаевне похождения художника. Маргарита Николаевна слушала без особенного интереса. Когда она бывала в духе, события и разговоры скользили по ней, почти не зацепляя ее внимания... Она принадлежала к числу тех женщин, чья эгоистически нервная суетня и вечное ношение с собственною своею особою так наполняют их узенькое "я", что редко их интересует что-либо постороннее. Поэтому она мысленно примерила Ларцева как героя романа к требованиям своего воображения и резюмировала свое впечатление коротким:

– Удивляюсь Джулии... он блондин...

А затем, снизу и искоса глядя в лицо Лештукова, тихо спросила:

---

[14] Прекрасная пара! (нем.).

– Вы что же это? и впрямь вам так туго приходится от "Полярной звезды", что вы жалуетесь на нее даже Джулии?

Лештуков насильственно улыбнулся.

– Хоть мучь, да люби!– возразил он голосом слишком уж спокойным, чтобы быть естественным.

Круглое личико Маргариты Николаевны вдруг все задрожало и побледнело, глаза затуманились и заискрились в одно и то же время, губы сложились в странную гримасу, и бесконечно ласковую, и – вместе с тем – почти хищную. Она тяжело налегла на руку Лештукова и, на мгновение прижавшись к нему горячим, трепещущим плечом, быстро шепнула:

– Милый вы... милый мой...

Но не успела еще кровь стукнуть Лештукову в виски, как уже Маргарита Николаевна отшатнулась от него и – спокойная, насмешливая и кокетливая – говорила:

– Пожалуйста, пожалуйста... Не делайте диких глаз и воздержитесь от декламации. Мы на улице, и я ничуть не желаю, чтобы нас приняли за только что обвенчанных новобрачных.

V

Отель, где квартировали Лештуков и Рехтберг, был импровизирован маленьким русским обществом, сдружившимся в скитании по итальянским городам. Начало колонии положили две богатые и веселые петербургские немки Берта Рехтзаммер и Амалия Фишгоф, – по профессии, оперные певицы "на усовершенствовании". Они весьма аккуратно рассчитали, что вместо того, чтобы самим проживаться в дорогих отелях, во время купального сезона, гораздо будет выгоднее нанять целый дом и напустить в него жильцов, а в жильцах недостатка в эту бойкую пору года не будет. Затем разослали по итальянским курортам письма к знакомым, с описанием прелестей Виареджио: "У нас очень веселое общество, а жизнь вам обойдется дешево, потому что поселиться вы можете у нас. Мы занимаем огромный дом, комфорт полный" и т.д. Приглашение было заманчиво – и пташки стали понемногу слетаться. Приехал русский художник Кистяков, который начал с того, что повесил в своей комнате портрет Бакунина. Приехал другой русский художник Леман, который начал с того, что занял у хозяек денег, а затем обругал их немками и стал повсюду и всех уверять, что они шельмы и на обухе рожь молотят.

– Немки! сам-то кто? – кипятилась Берта, а Амалия куксилась:

– Уж какие мы немки. На Васильевском острове родились, по-немецки двух слов связать не умеем.

– А главное, – язвила Берта, – только с таким нахлебником молотить рожь на обухе, как вы, Леман. Вы, душечка, которую неделю – "не при суммах-с"?

Леман наполнял белые бесстыжие глаза шутовскою угрозою и шипел:

– Ш-ш-ша, киндер![15] Счеты меркантильные не должны тревожить уши благородные.

Приехал из Нижнего красавец-мужчина, купеческий сын Федор Федорович Арбузов, он же, по-театральному, Франческо Д'Арбуццо, широкогрудый, широкоплечий богатырь в русых кудрях Чурилы Пленковича и в русой бородке. Природа отняла его у родительского лабаза, одарив воистину сто-пушечным басом и почти детскою, до того благоговейною, страстью к оперному искусству. Едва он появился в Виареджио, Леман так на него и насел и совершенно забрал в руки, как его самого, так и его богатейший гардероб да, в значительной степени, и кошелек. Собираясь сделать итальянскую карьеру, влюбленный в Италию, Арбузов до того итальянизировался, что даже православное имя-отчество возненавидел, а новым знакомым так и представлялся:

– Имею честь: Франческо д'Арбуццо, бассо профундо ассолюто[16] и потомственный почетный гражданин.

Леман тем и пользовался. Нарочно, за обедом или чаем, при полном колониальном сборище, начнет привязываться:

– Ваше благоутробие! почтеннейший Федор Федорович!

Арбузов свирепеет и поправляет пятерней русы кудри.

– Лемка! ты опять?

– Врешь, брат. При публике не боюсь. Помилуйте, господа: утром прошу у этого Гарпагона взаймы двадцать франков, – не дал. И после этого звать тебя Франческо? Врешь, хорош будешь и Федькой. И то через фиту, а не через ферт.

Франческо багровел.

– То есть до чего ты в невежестве своем нисколько не образован, – это один я в состоянии понимать!

– Дай двадцать франков, – стану образованный.

Вступалась жалостливая Амалия. Она Лемана терпеть не могла, но еще больше надрывалась сердцем, когда он коверкался веселым нищим и клянчил.

---

[15] Дети! (нем.).

[16] Абсолютно низкий бас (ит.).

23

– Франческочка, дайте ему: неужто вам жалко?

– Да не жалко, а зачем он... Вот бери... только помни, черт: за тобою теперь сто сорок...

– О, Франческо! Приди в мои родительские объятия.

– И брюки мои, которые заносил, еще в пятнадцати франках считать буду.

– Фу, Франческо, при дамах!

Одевался Франческо итальянцем паче всех итальянцев: рубашка фантэзи, широчайший пояс, по которому ползет цепочка с тяжеловесными брелоками; белые туфли-скороходы, пестрейший галстук с огромным солитером в булавке, персты также блистали камнями. Но говорить по-итальянски знал только слова комнатные и "адженциииные", то есть кое-что из жаргона артистического и закулисного, наслушавшись его в бюро разных театральных агентов. По-русски же говорил – точно все время, без антрактов, горбуновские анекдоты рассказывал.

– Эка голосище-то у вас, Франческо!– хвалил его Кистяков, – просто: падите, стены Иерихонские!

Франческо самодовольно стучал кулаком по груцище своей.

– Да-с, насчет чего другого, а что касающее силы в грудях, вне конкуренции-с.

И повествовал, строго и величественно посматривая по сторонам:

– Намедни маэстро дал нам с Амалией Карловной дует один...

– Ангел мой, – ввязывался Леман, – говорят "дуэт", а не дует. Дует из окна, а дуэт из оперы.

– Ну, дуэт, – не все тебе, вихрастому бесу, равно? Из "Гугенотов"... есть такая опера. Голосочки наши вам, господа компания, известны. Выучили мы уроки, приходим к маэстре... "Кантато?" – "Чрезвычайно как много кантато, маэстро". "Ведремо..." И зовет к пьянину-с. У Амальхен сейчас бледный колер по лику и трясение в поджилках. Потому они, по дамской слабости, маэстру ужас как обожают, а боятся, так даже до трепета-с. А мне так довольно даже все равно.

– Неправда, неправда,– обличала Амалия, – и вы тоже боитесь.

Франческо изображал на лице своем величайшее, почти негодующее изумление.

– Я?

И повторял для вразумительности по-итальянски:

– Io?[17]

И с решительностью делал пред носом своим итальянский жест отрицания одним указательным пальцем:

---

[17] Я? (ит.).

– Mai![18]

– Еще как боитесь-то. Всякий раз, как идти на урок, коньяк пьете.

– Коньяку я всегда согласен выпить, потому что коньяк бас чистит. Но чтобы бояться... посудите сами, справедливые господа: ну с какой стати мне бояться итальянской маэстры? Это им, дамскому полу, он точно грозен, потому что, при малодушии ихнем, форс на себя напущает, в том расчете, чтобы больше денег брать-с. Либо вот Джованьке, потому что даром учится и голос у него теноре ди грация. Стало быть, без страха к себе, жвдкий. А мы, слава Тебе Господи-с! Бывало, в Нижнем, на ярмарке-с, зыкну с откоса: "Посматривай!!!" В Семеновском уезде слышно-с! Могу ли я после этого при такой аподжио[19], какого-нибудь маэстры бояться? Кто кому чинквелиру[20] за урок платит? Я ему, али он мне? Странное дело! Я плати, да я же еще нанятого человека опасайся? Удивительная вы после этого публика, братцы мои!

– Да ты не отвлекайся, – дразнил Леман, – про дуэт-то расскажи.

Дамы требовали, аплодируя, топая ножками:

– Дуэт, дуэт, дуэт!

– Хе-хе-хе! что же дуэт? Очень просто. Маэстра сел. Мы стали... Говорю: "Амалька, держись!"

– Никогда вы меня Амалькой не называли!– вспыхнула немка. – Что за гадости?

Но Франческо был уже в азарте, что называется – до забвения чувств.

"Амалька, – говорю, – не выдавай! Покажем силу!.." Запели-с. А он, окаянный, маэстра-то, оказывается в капризе своих чувств. "Воче, – кричит, – воче фуори"[21]. Это по-итальянскому выходит, стало быть, голос ему подавай, звука мало. А?.. Воче тебе? Воче? Звука дьяволу? На ж тебе!.. получай! "Амалька, вали!"

И он орал, что есть силы:

– Нель оррор ди квеста но-о-о-отте![22]

– Как яревану, как Амалия Карловна реванут, – Господи! стекла дрожат, пьянин трепещет, на улице публики полный квартал! А маестра пьянин бросил, за голову лысую руками схватился. "Черти, – кричит, – дьяволы! Голоса! горла! пушки! Что же вы со мною, изверги, делаете? Нетто так можно? Я тебя не слышу, ее не слышу, пианино не слышу,

---

[18] Нет; никогда! (ит.).

[19] Муз.: неаккордовый звук (ит.).

[20] Монету в пять лир (ит.).

[21] Голос... голос наружу (ит.).

[22] Ужасаясь этой ночи! (ит.).

ничего не слышу, рев один слышу". – "Что же, маэст-ра? – отвечаю ему, – вы хотели, чтобы звук дать. А ежели вам угодно, чтобы пианиссимо, – очень просто..." Да как ему змарцировал...

И, закрыв глаза, повернувшись на одной ножке, он, с блаженною улыбкою, посылал в пространство воздушный поцелуй, а Леман корчился от восторга:

– Ах, дьявол! ах, стоерос! Знай наших нижегородских! Ай да Арбузов! Ай да Федор Федорович!

– Я тебе, черту, такого Федора Федоровича пропишу...

Рехтберг объявилась в отеле с месяц тому назад, а за нею, в самом коротком промежутке, прилетел Лештуков из Швейцарии, где если не Бог, то черт свел эту пару и связал ее веревочкою. Они попали уже в прочно и дружески сложившуюся товарищескую коммуну. Успех гостеприимного отеля на семейную ногу был настолько велик, что прибывшему вслед за Лештуковым Ларцеву уже не хватило комнаты, – и он должен был устроиться на стороне. Та же судьба постигла и еще нескольких приезжих русских; практичным немкам оставалось только досадовать: зачем они не наняли два дома вместо одного?

Когда Лештуков сошел в столовую, – общество дружеского табльдота было в полном сборе. Это была веселая молодая компания; в ее среде пахло жизнью, надеждами, свежестью; все народ – только что расцветший или начинающий расцветать. Два художника, три певицы, к счастью, на разные амплуа, – и потому, с грехом пополам, способные ссориться не больше раза в день, – несколько учениц известного итальянского maestro di canto[23] и три-четыре гостя итальянца. Рехтберг сидела во главе стола и, видимо, первенствовала в обществе. Эта женщина – даже в мелочах – всегда устраивалась так, что без всяких стараний, наоборот, даже с несколько утрированным стремлением прятаться, становиться в тени, она все-таки попадала на первые места, ей доставались лучшие куски, ее слова выслушивались всего внимательнее. Лештуков сел рядом с нею. Это место было ему предоставлено молчаливым согласием табльдота. Их все Виареджио считало любовниками – только очень ловкими и скрытными: а не пойман – не вор!

Разговор за столом, для удобства гостей, шел по-итальянски.

– Итальянцы слишком смешно говорят по-французски, – заметила как-то раз Рехтберг. – С ними по-французски разговаривать, – во-первых, того гляди, расхохочешься, а во-вторых, лучше мы будем извлекать из них пользу, чем они из нас. Они к нам ходят для французской практики, а мы

_____
[23] Учитель пения (ит.).

их перехитрим, – ни одного слова по-французски! И какую мы тогда итальянскую практику получим!

– Но, Маргарита Николаевна, – возражали хозяйки отеля, – они, вероятно, такого же мнения о нашем итальянском языке, как мы – об их французском. Вон – должно быть, у Лемана с Кистяковым что-нибудь совсем нехорошее вышло, – очень уж странно переглянулись Джованни и Аличе.

– А пускай! Мы в их стране, и им как хозяевам остается радоваться, что у них такие вежливые гости, – не носят в итальянский монастырь ни чужого устава, ни чужого языка.

Так итальянский язык и сделался официальным языком "отеля".

– Ah, signor Demetrio! come sta?[24] – закричал Лештукову через стол молодой тенор, только что перескочивший со школьной скамьи в успешную карьеру и потому веселый, бойкий, счастливый, точно щенок на другой день после того, как у него продрались глаза.– Avete inteso le bellissime novelle da vostra Russia?[25]

– Buon giorno[26]... Нет, ничего не слыхал. О холере что-нибудь?

– Да. Вся Россия в холере. Тысячи умерли, десятки тысяч умирают. Nichni-Novgorodo... diavolo! che brutto nome per una citta! Un nome da rompere la lingua![27]..

– О вкусах не спорят, – возразил Лештуков. – Если бы русскому мужику назвать вашу Чивитга-Веккия, так он, пожалуй, и не поверит, чтобы мог так называться город. Не то кот чихнул, не то воробей чирикнул...

– Я не хотел сказать ничего неприятного вам, синьор... – растерялся итальянец.

– Я знаю это, carino mio[28]... и тоже не хотел сказать вам ничего неприятного.

– Наш Дмитрий Владимирович сегодня в патриотическом настроении, – не без насмешки заметила Рехтберг, обгладывая косточку от цыпленка. – Это что-то странно... новенькое!

– Почему же? – обратился Лештуков к Маргарите Николаевне.

– Так, не ждала я от вас такой удали, – вот и все. Мне всегда казалось, что для вас Россия – звук пустой. А вы вот какой!.. Даже за благозвучие Нижнего Новгорода горой подымаетесь.

---

[24] А, синьор Дмитрий! Как поживаете? (ит.).

[25] Уже знаете новости из России? (ит.).

[26] Добрый день... (ит.).

[27] Новгород... дьявол! Ужасное имя для города! Можно язык сломать!.. (ит.).

[28] Милый мой... (ит.).

– Разве это дурно?

– Напротив, очень хорошо, если вы искренни. Но я вам не верю.

– Что я люблю свою родину? Интересно бы знать причины.

– Хотите знать первую? Если бы я любила свою родину, если бы ее постигла беда и если бы я сознавала, что хоть сколько-нибудь могу помочь ей в беде, наконец, даже хотя бы разделить с ней беду, – я не сидела бы у Средиземного моря – как это сказал ваш поэт? – "...наблюдая, как солнце пурпурное опускается в море лазурное..." Но бодливой корове Бог рог не дает. Я рождена быть патриоткой, – и у меня нет отечества.

– Зачем я сижу у Средиземного моря, – вам известно, – отозвался Лештуков сквозь зубы, с краскою досады на лице.

– Об этом-то я и говорю... Так что же делается в Nichni-Novgorodo, Giovanni?

Итальянец начал излагать по "Secolo"[29] историю холерных беспорядков в Поволжье – раздутую, преувеличенную, раскрашенную в самые ужасные цвета жизнелюбивым страхом, у которого глаза велики. Табльдот слушал и ужасался. Немки утирали слезы. Лештуков, мрачно нахмурясь, глядел в тарелку.

– Если даже приврано втрое, – ведь брешут шарманщицкие газеты, как псы в полнолуние!– так и то ужасно... – перешел на русскую речь художник Костяков. – Видно, не дождаться осени и Рима. Придется ворочаться!

– Это зачем?

– Бог с вами!– недовольно зашумели дамы.

– А так: на людях и смерть красна. У меня в Саратове брат женатый... племянники... славные ребята! Одному уже шестой год пошел. Я, с тех пор как прошел слух о холере, трясусь за них денно и нощно, а теперь вот пошли еще бунты эти.

–Дмитрий Владимирович! Вы что же приуныли? – обратилась Рехтберг к своему соседу. – Или обиделись на меня?

– Нет, обижаться не за что. Вы правы.

– В таком случае расправьте ваши морщины...

– Не расправляются... А впрочем... позвольте мне вон ту фиаску... Благодарю вас! Ваше здоровье!..

– Grazie[30]... но... Дмитрий Владимирович! Что это? Стакан за стаканом? Опять?

– O dio!– радовались итальянцы, – quanto beve questo signore![31]..

---

[29] Итальянская газета "Век".

[30] Спасибо... (ит.).

[31] О Боже! Любимое занятие этого синьора!.. (ит.).

Завтрак кончился. Общество перешло из столовой в салон; Лештуков остался один у стола со своим кофе. Из салона доносились шутки, смех, звуки пианино. Джованни запел неаполитанскую песню – знаменитую "La Bandiera"[32] Ротоли. Лештуков любил итальянские песни, любил и истинно народную манеру, как пел их Джованни – всего четыре года тому назад подмастерье у сапожника в Сиракузах. И голос у него был богатый – большой, теплый, свободный; хорошо от него делалось на душе. Но сегодня и пение не расшевеливало Лештукова. Громкий в комнатах, голос Джованни больно бил его по нервам, а от грустной мелодии плакать хотелось.

В столовую вошел Ларцев. На его лице – слегка побледневшем и усталом, но веселом – лежал еще отпечаток задумчивости, сосредоточенного "прозрения внутрь себя": видно было, что человек только что оторвался от работы, а работал горячо, с увлечением и вниманием.

– Э! А я вас наверху искал было... – сказал Ларцев, присаживаясь к столу. – А потом слышу – Джованни поет. Думаю: значит, Дмитрий Владимирович состоит при пианино. А вы, оказывается, тут уединились... Передвиньте-ка фиасочку!

– Con piacere[33]... А вы что рассеялись?

– Победу, батюшка, одержал: штришок нашел. Две недели вокруг да около него, подлеца, ходил, – и все он в руки мне не давался. И вдруг – сегодня этакое озарение осенило: с разбегу, – ну, ей-Богу, только что и впрямь не с разбегу!– налетел на полотно, сам не знаю, как мазнул".. Гляжу: оно! оно! "то есть, воно–то самое", что надо было. Стояла у меня до сих пор в мастерской красивая виареджинская девка Джулия, но под псевдонимом Миньоны. А теперь стоит настоящая Миньона!

– С чем и имею честь поздравить; Это называется – точку найти.

– Да-с, я-то нашел точку, а вы, кажется, ее с утра потеряли... "Метель и буря свирепствуют на пасмурном челе..."

– Вести из России скверные.

– О? Из родных кто-нибудь болен? Или по газете какая-нибудь неприятность?

– Н-нет... У меня лично все хорошо. А вообще... Читали, конечно? Холера... Бунты эти... Ужасно!

– Ужасно? Да... надо полагать... Ах, Дмитрий Владимирович! Вы заверните завтра ко мне – непременно заверните! Вы "Миньоны" моей не узнаете. Совсем другая стала. И кто бы поверил, что от одного мазка? Ну право же от одного... Вот этакого маленького-маленького, малюсенького...

Лештуков с завистью смотрел на него.

– Ишь, счастливец!– сказал он. – Как прочно встал на свою стезю! Совсем человек не от мира сего... Вы слышали, что я вам сказал?

– Это о холере-то?

– Да. Я вам – о холере, а вы мне – о Миньоне. Дистанция огромного размера.

– А Бог с ней, с холерой... Что холера? Далеко холера!

– Меня вот именно сейчас за то и попрекнули, что я от холеры далеко.

– Зачем же вам близко быть? Доктор вы, что ли?

– Разве там одни доктора нужны?

– А кто же? Доктора и чернорабочая сила, им покорная. Все эти фельдшера, фельдшерицы, санитары, сестры и братья милосердия...

– А мы в стороне?

– Мы в стороне. Что нам там делать? Ваша музыка – романы писать, моя – картины. Мы не доктора, а в чернорабочую массу идти мы даже права не имеем. Во-первых: с непривычки только другим мешать будем. А там Баранов сидит: строгий, Бог с ним!– еще вышлет или высечет, пожалуй... не любит он этого, чтобы около него народ зря толокся! А затем – мы своему делу нужны, и нечего нам собою рисковать там, где могут отлично обойтись и без нас.

– Ого!..

– Да, ей-Богу. Вы попробуйте – поезжайте-ка к этому самому делу. Рекламу себе большую сделаете, – это что говорить! А больше – ничего. Только рискуете заразиться холерою и сойти в преждевременную могилу, огорчив всю российскую публику – кроме господ гробовщиков и некрологистов ex officio[34].

– Значит, не боги горшки обжигают?– насмешливо возразил Лештуков.

– А, конечно, не боги!– наивно согласился художник.

– Bravo! Вы даже не подозреваете, как мило это у вас вышло.

– Вы труните, кажется? Да на здоровье! я, батюшка, только откровенен: говорю вслух, что другие думают. Вы вот самоотверженные чувства изволите излагать, а схвати вас холера – наверное, подумаете, умирая: на то ли родился я, высокоталантливый Дмитрий Владимирович Лештуков, чтобы сдохнуть чрез заразу от какого-то безвестного, никому не нужного босяка?

– Да у вас презлая философия, Андрей Николаевич! А Ларцев продолжал:

---

[34] Официальных (ит.).

– Ежели мучит вас долг гражданственности, – пожертвование пошлите. А то еще лучше – статьищу напишите, да с нервами, со слезой, чтобы всех – вот как пробрало! Чтобы узнали там, черт их побери, господа публика, что "нерв человечества – писатель потрясен..."

Писатель, если только он
Волна, а океан – Россия,
Не может быть не возмущен,
Когда возмущена стихия... –

задумчиво прочитал Лештуков. – Вот возмущенья-то, потребности взмыть вместе с разбушевавшейся стихией до облаков и не чувствую я, Ларцев... Все равно что делается... "Из равнодушных уст слышу смерти весть и равнодушно ей внимаю..." Нет, должно быть, Маргарита Николаевна права: я не патриот.

Ларцев глядел на него пристально и думал про себя: "Ага! Так вот он откуда пошел – этот холерный рамолисмент![35] Так бы и говорил прямо. А я-то слова трачу и соловьем разливаюсь – уговариваю тебя не предаваться гражданской тоске. А эта тоска на мотивах г-жи Рехтберг построилась... Погрызлись, стало быть, для разнообразия, на почве общественных вопросов. То-то они и сидят врозь".

– Да ведь Бог его знает, это слово, что собственно оно обозначает иной раз, – сказал он вслух. – Мы: художники, артисты, поэты, беллетристы – народ чудаковатый: другим отпущено по одному отечеству, а нам – по два. Одно – наша страна, а другое – наше дело. И какое из двух дороже, – познается только минутами тяжелых испытаний. Вот вы сейчас говорите про волжскую холеру, а я, хоть убейте, не могу потрястись ею до глубины сердечной, даже не могу хорошенько представить ее себе. Все мне "Миньона" загородила, и покуда эта Миньона будет торчать на моем горизонте, я для родных моих Тетюшей человек мертвый... Вот подите же! А ведь я счастлив, что родился русским. Горжусь именем русского. Обругал при мне в Милане какой-то шарманный граф русских, так я ему бутылкой в голову пустил. Когда я в Риме почетный отзыв получил за свою "Мессалину", вы думаете – я за себя обрадовался? Ей-Богу, нет. Первою мыслью было: вот каковы мы, русские медведи! В самом сердце вашего искусства, господа итальянцы, выхватываем у вас из-под носа награды. Ведь знаю, что скрепя сердце наградили, подлецы, иностранца, да еще русского: нельзя было не наградить. Тем и счастлив был: пускай,

---

[35] Расслабленность (от фр. ramollissement).

думаю, в Петербурге почитают да порадуются... Маргарите Николаевне мое почтение!

Он привстал навстречу входящей Рехтберг.

– Здравствуйте, Андрей Николаевич. Вы сегодня, я слышу, даже разговариваете. Это редкость! О чем?

– Против вас бушую. Зачем вы у нас, у русских, отнимаете нашего gran maestro?[36].. это уж с вашей стороны польская интрига.

– О-о-о!

Маргарита Николаевна засмеялась.

– Какая я полька!– отшучивалась она. – Живу за границей, по целым дням в обществе вас, "пшеклентых москалей"...

– Ага! Вот тут-то самая интрига и есть. Жаль, я не умею справляться с мифическими сюжетами. А то нарисовал бы я вас польскою Омфалою, смиряющей российских Геркулесов. А Геркулес – Дмитрий Владимирович.

– Хорош Геркулес, – отозвался Лештуков. – Это скорее по вашей части; ишь у вас мускулищи...

– Ладно! А кто по дюжине итальянских берсальеров на эспадронах загоняет?

– Уж и по дюжине! Сбавьте!

– Омфала – это обидно для меня, – серьезно сказала Рехтберг. – Дмитрий Владимирович! Что же вы молчите? Неужели вы согласны с тем, что говорит Ларцев?

Лештуков встал.

– Охота вам говорить об этом... – с досадою сказал он.

– Как же не говорить-то? Мне досадно: вы лентяйничаете, а меня считают ответственною за вашу лень.

Дмитрий Владимирович презрительно пожал плечами.

– Экая, подумаешь, важность, работает господин Лештуков или нет. Ни политическое равновесие от этого не нарушится, ни землетрясения не произойдет. Захочет работать, возвратится настроение, – запишу... А теперь от разговоров о безработице только скука и досада. К морю, по обыкновению, пойдем?

– Да, конечно... Но, Дмитрий Владимирович...

– Тогда мне надо переменить костюм. Я иду к себе... Он вышел.

– Дитя рассердилось – надо идти и успокаивать,– с улыбкой сказала Маргарита Николаевна и побежала следом за Лештуковым.

Ларцев кивнул головой.

---

[36] Большого знатока?.. (ит.).

32

"Ничего! Милые бранятся – только тешатся!" – подумал он и, закурив сигару, начал с блаженной улыбкой пускать перед собою клубы синего дыма; пред его радостно сосредоточенным в одну точку взором вставала и плавала в дымных облаках Миньона, с ее новым, счастливым мазком.

VI

Мастерская Ларцева помещалась в громадном и пустынном, как сарай, зале старинного палаццо, выходившего окнами на морскую набережную. Отсветы далеких волн бегали по белым стенам и высокому куполу зала. Если долго смотреть на это мелькание, казалось, будто воздух струится, будто рябь и зыбь в нем ходят. Художники – французы и итальянцы, – избалованные удобствами римских и парижских мастерских, презирали этот громадный купол, полный странных световых переливов, но Ларцев был в него влюблен. После питерских сумерек, его мастерская представлялась ему почти идеально освещенною, полною солнца и голубого неба. Борьба с рефлексами доставляла ему большое удовольствие; он боролся с ними непостижимым чутьем и торжествовал, когда побеждал. Смелость колорита, дерзость красок у него была удивительная. Еще шаг – и он перескочил бы в область французского импрессионизма, но его вовремя сдерживали славянская мягкость чувства и славянское чутье правды в изящном. Ларцев сидел перед своей Миньоной и вглядывался в нее с хмурым восторгом, так свойственным людям, когда они уверены, что хорошо делают любимое дело. Он был весь внимание. Когда Ларцев, откинув голову назад, с опущенной кистью в руках наблюдал свое полотно, соображая, комбинируя цвета и краски, анализируя, подготовляя и выясняя для самого себя новые детали, еще смутно бродящие в творческом мозгу, – художника скорее можно было принять за злейшего врага, чем за отца картины. Чувствовалось, что никогда ни один критик, ни один знаток не привяжется к произведению Ларцева так злобно, так страстно, так мелочно пытливо, как привязывается он сам, – не полезет в глубь ее смелее и назойливее, чем он сам сейчас лезет.

Лештуков лежал в стороне на качалке, с глубоким интересом, наблюдая серьезное и в эту минуту до возвышенной суровости вдохновенное лицо художника,– его крепко сдвинутые брови, его потемневшие, суженные долгим напряжением глаза.

"Ишь, как вкусно работает", – думал Лештуков.

Процесс ларцевской работы заражал его самого, хорошо поднимал его нервы; ему хотелось откликнуться на чужое творчество своим собственным творчеством, мыслью отозваться на мысль, ответить краскам словом. Лештуков любил и понимал искусство. Он видел, что у Ларцева выходит из картины далеко не безделица... Джулия смотрела на него с полотна как живая, и все-таки это была не Джулия, а точно чужой и высокопоэтический образ нездешнего мира воспользовался наружностью Джулии для того, чтобы воплотиться в близкую и понятную людям форму и сказать им правду святой тайны, которую они смутно чувствовали, но не умели до сих пор ни узнать, ни назвать.

Легкий стук в дверь заставил художника с досадою положить кисть. Лештуков тоже поморщился. Внешний мир ломился в святая святых искусства: покой творчества был нарушен.

– Avanti![37]

Вошла Джулия.

– Ага, моя радость!– вскричал художник с прояснившимся лицом!.. – Где вы пропадали? Как хорошо, что хоть сегодня надумали зайти ко мне. Я ждал вас и вашего милого суда. Смотрите, Джулия, вы почти готовы.

На личико Джулии, уже и без того озабоченное, легла хмурая тень. Она взглянула на картину и отрицательно покачала головой.

– Вы слишком добрый, синьор Андреа, – сухо сказала она, опускаясь на стул. – Это очень красиво... очаровательно... Только это не я... Добрый день, синьор!

Джулия кивнула головой Лештукову; она только теперь его заметила.

– Добрый день, Джулия... Что вы так строго относитесь к нашему другу-художнику? Если это не вы, я уж и не знаю, какого сходства еще надо.

– Чудно! Изумительно!.. В самой Флоренции, может быть, нет лучшей картины, а все-таки это не я. Это – святая. Она так смотрит, будто перед собою лестницу на небо видит. А я... Ах, да не до картины мне!– внезапно вскрикнула она.

От гнева у нее все лицо дрожало; мускулы так и играли, так и прыгали под смуглой кожей.

– Синьор, – обратилась она к художнику резко и порывисто. – Скажите: я вам нужна еще для вашей картины? Не правда ли, – необходимо нужна?

– Да, Джулия... Если бы вы мне подарили еще два-три сеанса...

– Подождите. Синьор Деметрио ваш друг – не так ли? Я могу при нем говорить откровенно, как будто с вами самим?

---

[37] Войдите! (ит.).

– Если надо, я могу уйти... Лештуков приподнялся с качалки.

– О нет... Напротив, я хотела бы, чтобы все, что я скажу, слышали и знали все хорошие люди, какие есть на свете... Синьор Андреа, я должна вас предупредить, что эти сеансы могут принести вам большую неприятность.

– Знаю, Джулия, – тихо возразил художник, – Альбер-то говорил со мной третьего дня... только глупо это с его стороны.

– Глупо... Скажите: подло, гадко, возмутительно. Но надеюсь, вы не боитесь, синьор? Вы не уступите ему? Я не вещь, чтобы мною распоряжался какой-нибудь marinajo; я хочу этой картины и буду служить вам, пока вы желаете.

– Если вы, Джулия, не боитесь угроз этого сумасшедшего, то я и подавно. Пусть его делает, что хочет, – у всех у нас есть свое дело, за которое мы должны стоять.

– Он – черт, – с убеждением сказала Джулия, – от него всего дождешься. Вы будьте осторожны... А я – как уберечь себя, хорошо знаю... И заплатит он мне за свою выходку! Заплатит!.. До сих пор я еще колебалась. Но теперь – не видать ему меня как своих ушей. Пусть ищет себе жену на рынке – такую же грубую мужичку, как он сам...

Ларцев встал и потянулся. Усталое лицо его было серьезно, между бровей дрожала легкая морщинка.

– Это очень грустно, Джулия, – возразил он, глядя на девушку добрыми, но серьезными глазами. – Жаль будет, если из-за моей работы вы разобьете счастье доброго малого, – ведь Альберто вас искренно любит. Да как знать? Может быть, и своего счастья лишитесь. Картина – вещь хорошая, но жизнь лучше... Я не верю в серьезность вашей ссоры с Альберто и не хочу потакать его глупой ревности, – поэтому я и принимаю ваши милые услуги. Но если вы ставите вопрос ребром,– лучше бросим это дело: ставить это полотно между вами и вашей свадьбою я не смею и не хочу.

Джулия побледнела.

– Свадьбою... Вы же за него заступаетесь... Не будет никогда никакой свадьбы! Слышите? Не могу я! Не будет! Не из-за картины вашей не будет, а потому, что такая моя воля! Потому что...

Бледность Джулии сменилась ярким румянцем, – как будто заревом обдало ее лицо и шею. Джулия несколько раз повторила свое "потому что", обращаясь к растерявшемуся под быстрым наплывом ее речи художнику, – и не то не могла, не то не решалась пойти далее этих слов; она нервно комкала свой передник и водила по комнате полными слез глазами. Наконец Джулия остановила взор на Лештукове, который молча любовался ее красотой и волнением.

– Я... я не могу... – пробормотала она. – Синьор Деметрио! Помогите мне! Вы помните, что мы с вами говорили... о звездах... Скажите же от меня все это вашему другу!

И она бросилась бежать из мастерской.

– Позвольте, Джулия, – остановил было ее Лештуков, но она была уже за дверями.

– Я верю вам – все скажите!.. – прозвенел ее трепетный голос, и вслед затем быстро затопотали по мрамору убегающие ножки.

Лештуков расхохотался, глядя на сконфуженного Ларцева, а тот развел руками – с видом человека, сбитого с толка и окончательно теряющего под собою почву

– Ну-с, милый Андрей Николаевич, – сказал Лештуков, покачиваясь, – позвольте поздравить вас с формальным объяснением в любви. Вот уж никогда не ожидал попасть в посредники нежной страсти. Но так как моего согласия не спрашивали, а навязали мне эту должность силою, – то делать нечего. Джулия поручила мне передать вам не больше и не меньше, как – что вы ее Полярная звезда, и, ergo[38], что она вас любит. Ну-с, что вы на это скажете, о рыжебородый Тор?

– Я знаю одно, – воскликнул взбешенный художник, швыряя на пол кисть, муштабель и палитру, – что я второй день живу в Бедламе и что глупыми сценами мне без ножа режут мою картину!

Лештуков посмотрел на него с уважением и завистью.

– Молодцом!– тихо одобрил он.– Стойте! крепко стойте на своем якоре! Большой и хороший мастер должен из вас выйти...

– Нет, в самом деле, – сконфуженно отозвался Ларцев, мигая смущенными глазами, – какая там любовь? Баловаться с нею я не хочу: она хорошая девушка, стыдно; на это и трастеверинок в Риме достаточно найдется, а шесть часов расстояния не Бог весть какая даль. А всерьез-всерьез мне все женщины безразличны, право. Моя душа – вот!– он кивнул на полотно. – Может быть, налечу еще на такую, что и меня свертит, но пока Бог миловал...

– Нет, вы не налетите, – убежденно сказал Лештуков. – Вы Богом меченный; на вас печать. И эта штука, – он подошел к "Миньоне", – всегда станет между вами и тем рабством у женщины, что мы сдуру зовем любовью... Но все это прекрасно. Однако как же вам быть с Джулией и в особенности с Альберто? Кстати, – прибавил он, набрасывая pince-nez, чтобы мельком взглянуть в окно на набережную, – позвольте порадовать вас известием: Альберто сидит насупротив ваших окон, и между бровями у него Этна и Везувий...

---

[38] Поэтому (лат.).

– Черт его возьми!– пробормотал художник, скользнув взглядом по набережной и опять обращаясь к картине.

– Итак, любить Джулию вы не желаете. Получить из-за нее тычок ножом – того менее. Картину дописывать надо... А, пожалуй, Джулия больше не придет уже к вам на натуру.

– Что же делать? допишу и без нее.

– Но... картина от этого потеряет?

Художник молчал, злобным критическим взглядом впиваясь в свое полотно.

– Нет!– сказал он, не отрываясь от картины, – нет. Еще третьего дня утром, когда я спорил с Альберто, Джулия была мне необходима: была моим откровением, моим вдохновением. Но после этого вчерашнего мазка – помните, я вам говорил? – Миньона вся у меня тут!– он дотронулся рукою до лба. – Все земное, что могла дать картине Джулия, она дала. Больше от нее ждать нечего. Вы видели: картина ей сейчас не понравилась. А третьего дня она прыгала от восторга. И она права: Джулия третьего дня на этом полотне и эта – два полюса... Плоть картине дана, а одухотворить ее – мое дело, и если я сам не смогу, то ни Джулия, никто в мире мне не поможет.

– В таком случае, Ларцев, мой дружеский совет вам – уезжайте отсюда. Не все ли вам равно, где кончить работу? В Риме у вас чудесная мастерская.

– Да, это – что говорить!

– Уезжайте и оставьте вы этих людей с их страстями и бурями. Жаль будет, если вы пропадете, а пропадете здесь непременно. Вы – какая-то ходячая отвлеченность, призрак, вырвавшийся ненароком из мира идеалов. Они же – бесхитростные дети земли; день их – век их. Кругозор их коротенький, зато уж они хотят насладиться всем, что глаз зацепит. Поэтому в страсти им удержа нет, она их право, их логика. И, по-своему, они будут правее нас, если даже вас зарежут. А вы рисковать собою не имеете ни права, ни резона: у кого есть талант, тот должен помнить, что настоящее – настоящим, но, кроме того, он – гражданин грядущих поколений. Пусть их мирятся, ссорятся, как хотят. Вы им ничем помочь не можете. Уезжайте, и да будет над вами мое благословение, мой милый монах в искусстве... До свиданья. Приходите обедать!..

Лештуков дружески пожал руку Ларцева и вышел. На набережной к нему подошел Альберто.

– Signor russo, – с угрюмою вежливостью выговорил он, снимая шляпу, – вы от синьора Андреа?

– Да, – сухо отвечал Лештуков, не останавливаясь.

Альберто следовал за ним.

– Джулия была у него сегодня, синьор?– продолжал он, стараясь задать вопрос как можно более беззаботным тоном.

– Вы сами видели, как она вошла и вышла. Что же спрашивать, Альберто?!

Глаза Альберто стали красными, как рубины.

– Синьор!– прошептал он, наклонившись к плечу Лештукова, – я говорил с вашим другом, я просил его, молил, я его предупреждал, я грозил, наконец. Ему все равно... Он сердца не имеет: не жаль ему бедного малого... Хорошо же! Теперь пусть он бережется!

И он, без поклона, исчез за дощатым балаганом какой-то бродячей панорамы...

Лештуков со скукою махнул рукою ему вслед.

VII

Море было не в духе и ворчало, как ребенок. Ворчало, но еще не плакало. Невысокие волны колыхались быстрою и сильною зыбью, а между тем ветра почти не было. Это добежали к Виареджио отголоски далекой – может быть, где-нибудь за Корсикой или Майоркою – морской бури. И в небе, и в море плыла луна – круглая и желтая, как гигантский померанец в стихотворении Гейне... Золотой столб ее отражения бежал и от берега далеко в море и, постепенно расширяясь, под самым горизонтом менялся в озеро яркого белого света: точно там с неба пролился дождь расплавленного серебра. По золотому столбу вспенивались седые барашки, и резвые скачки их дико оживляли фантастическую синеву морской ночи. Мол в Виареджио – любимое, а по вечерам и единственное место прогулок купального общества. В Виареджио нет "окрестностей". Горы, окружающие городок, прелестны, но они только кажутся близкими, а на самом деле изморишься, пока доберешься до них по равнине, изрезанной каналами и сплошь заращенной виноградниками.

Две "пинеты" – сосновые рощи под самым городом – не интересны для иностранца, хотя итальянцы приходят от них в восторг: чтобы наблюдать такую природу, не стоит забираться к Средиземному морю, – достаточно и московских Сокольников... Если нет охоты толкаться в пестрой толпе, по молу или набережной, можно нескучно убить вечер на улицах городка, скитаясь вдоль каменных садовых оград, вокруг дворцов и церквей, занимающих своими высокими громадами целые кварталы, вокруг узкой, тюрьмообразной башни с окнами-бойницами.

Когда месяц заливает Виареджио светом, городок становится белым: точно его заборы, дворцы, башни, храмы и статуи на храмах – меловые. Мхи, которыми проросла тюрьмообразная башня, кажутся засохшими пятнами крови, веками на эти стены проливавшейся. Остроголовые тополи и кипарисы черными спицами поднимаются из-за садовых оград, и когда ветер заставляет дрожать их ветви, они как будто зыблются и гнутся под тяжестью положенного на их вершины неба – этого непостижимо-глубокого неба, таинственно примиряющего в своих безднах самые густые тона синевы с мягким потоком лунного блеска... Паукообразные шапки пальм, повиснув в небесном просторе лапами-листами, шевелятся и вздрагивают, как водоросли, утонувшие в воздушном океане. Из садов несет благоуханиями, от узких переулков и площадей – отбросами рынка. Внутри города звенят мандолины, а с набережной, из десятков купален, вокзалов, театриков и балаганов, летит, вместе с дыханием моря, нестройный гул оркестров, шарманок, колоколов и барабанов. И, как постоянный бас в хаосе разнообразных мелодий, тяжело и мягко бухает в берег разгулявшийся прибой.

Лештуков долго бродил по Виареджио, прежде чем попал на мол, где условился встретиться с компанией своих сожителей по отелю. Разряженная толпа тесно жалась по узкой полоске земли, сдавленной гульливыми волнами. Барки в канале кивали парусами, словно огромные белокрылые чайки. Лодочники сидели без дела: желающих кататься, охотников до сильных ощущений и морской болезни, не находилось. Волна убирала море серебром все богаче и богаче; прибой уже начинал пошвыривать в народ брызгами и пеной.

Лештуков нашел свое общество в самом конце мола, где волна хватала всего выше и была особенно щедра на снежки из соленой пены. На моле было вообще шумно, но в группе "отеля" – даже уж и чересчур. Каждый набег волны давал немкам сигнал к хохоту, визгу, охам, ахам; они прыгали и аплодировали морю, как актеру.

– Берта Ивановна! Амалия Карловна!– лениво усовещивал дам Кистяков, подхватывая их, когда они отпрыгивали от брызг, то под руку, то за талию, – полно вам! Ничего нет страшного, а вы пищите – аж вас в Ливорно слышно, и вот уж третий раз наступаете мне на любимый мозоль.

Джованни, – вежливый, как всегда бывают итальянцы в обществе, знакомом им не то чтобы мало, но и не слишком близко, – стоял тут же, с улыбкой несколько обязательной. Фамильярность русских доставляла молодому человеку много смущения и – ни малейшего удовольствия. Итальянцы и, в особенности, испанцы весьма часто теряются в заграничных русских компаниях. Они видят, что люди ведут себя гораздо свободнее, чем принято в безусловно порядочном европейском обществе, и не знают, на какую ногу себя поставить. Выдерживать серьезный джентльменский тон, значит важничать, – скучно; а, в свою очередь, распускаться и тоже фамильярничать они не решаются: нет привычки.

Лештукову эта сценка тоже не понравилась, и он с удовольствием заметил, что Маргариты Николаевны нет в развеселой группе. Она стояла в стороне над отвесом мола. Луна красиво выделяла из седых теней ночи ее белое платье.

Лештуков подошел к ней.

– Что вы уединились? Рехтберг нервно пожала плечами.

– Скучно с ними... – шепнула она. – Ночь так хороша, лимоном и лавром пахнет; и вдруг сквозь эти ароматы – струя с Офицерской... Я до этого не охотница! А здесь – чудно! Вам не кажется, что там на горизонте бродит кто-то, огромный-огромный и весь седой, и кланяется сюда – к нам, к земле...

Лештуков посмотрел не в даль, а на самое Рехтберг: вдохновляться красотами природы было не в ее духе... В голосе Маргариты Николаевны ему послышалась аффектация, а ее красивая поза и сосредоточенное выражение лица с глазами, как будто застывшими в созерцании хаоса прыгающих волн, показались Лештукову деланными.

"Для кого это она играет? – подумал он, – не для меня же?"

Он быстро взглянул через плечо и заметил невдалеке два белых колпака: то были офицеры-гренадеры – самый рослый и красивый народ итальянской армии. Что интересная поза предназначалась для этих незнакомцев, не было сомнения. Несмотря на досадное открытие, Лештуков с удовольствием подумал, как он хорошо изучил Маргариту Николаевну.

– Нет, седого я ничего не замечаю, а вот офицеры позади нас – народ действительно любопытный, – заметил он с дружеской насмешкой.

Маргарита Николаевна закусила было губы, но вдруг сама расхохоталась.

– Нет, это невозможно!– смеялась она, спрыгнув с парапета и уже безо всякой рисовки, – нам с вами надо раззнакомиться. Нельзя, чтобы два человека вечно угадывали и ловили друг друга в тайных грешках.

– Позвольте: где же "друг друга"? Пока, мне кажется, только я вас ловлю.

– Это еще хуже! вы безупречны, мой шевалье де Грие, – и читаете крошечные тайны своей Манон, как книгу. Это и опасно, и скучно, и несправедливо. Мне вас совестно, а вам меня – нет: неравные ставки. Верители, я иногда почти жалею, что мы с вами стали такими близкими друзьями.

40

– Покорнейше благодарю! утешили!

– Нет, вообще-то это прекрасно, я очень рада... Но мы с вами скоро утратим всякую занимательность друг для друга! Станем как учебники, вызубренные наизусть. Вот вы подошли – и тотчас же отыскали моих гренадеров. А я тем временем стою и думаю: сейчас Дмитрий Владимирович производит сыск, зачем я изображаю из себя живую картину? А ну, – угадает или нет?

– Как видите, угадал!

– Всего грустнее, – лукаво продолжала Рехтберг, – что при таких отношениях уж с вами-то самим не приходится больше играть. То есть играть можно, но – только в очень крупную, всерьез... брр!.. и хочется, и колется, и страшно...

Лештуков перебил ее.

– А вы не находите, – полусерьезно заметил он, глядя в сторону, – что маленькой игры я претерпел уже более чем достаточно? По крайней мере, я, с своей стороны, сыт ею по горло!

Маргарита Николаевна окинула его обычным ей, быстрым и смешливым взглядом.

– Видите, какой вы нелюбезный... Вам бы все va banque[39], а я трусиха, меня на решительные ставки не хватает. А между тем мне сегодня, как нарочно, именно играть хочется, необходимо возбуждение игры!.. Какие-то искорки под кожей бегают... Ну, Дмитрий Владимирович! Bataille![40] Притворитесь, будто вы мне чужой, будто я для вас новость, ухаживайте за мной, интересуйтесь загадочной натурой... Проделывайте все, что мы с вами проделывали два месяца тому назад в Швейцарии, где нам обоим было столько же весело вдвоем, как теперь скучно... Зачем мы утратили это настроение? Зачем вы ударились в трагедию? Трагедии заставляют хандрить. Ах какое славное было время! Попробуем, вернем его, милый, хороший Дмитрий Владимирович!

– Рад бы, но...

Лештуков развел руками.

Маргарита Николаевна резко отвернулась от него.

– Да, вы уже не годитесь для хороших отношений, – задумчиво протянула она. – Я вас уже испортила... Вот всегда я так-то людей порчу, – вырвалось у нее искренним звуком, – а потом бывает и тяжело, и скучно!

Возражать было нечего. Лештуков молчал. Маргарита Николаевна стояла спиной к нему, и плечи ее вздрагивали, будто от подавленного плача.

---

[39] Ва-банк – идти на риск (фр.), в азартной карточной игре ставка, равная банку.
[40] Бой, баталия! (фр.).

"Игра что ли началась? – с досадою и смущением думал Лештуков. – Или в самом деле нервничает? Черт! а ведь, кажется, я и эту даму хорошо знаю, и вообще немало их пропустил через свои руки. Отчего это всегда так случается, что стоит нашему брату, тертому калачу, искренне влюбиться, – и сразу теряешь всякую опытность, всякое понимание, делаешься туп, глуп, робок, несообразителен, как мальчишка? Теряешь нюх, как гончая, которой залило дождем чутье".

Рехтберг обратилась к нему медленным и вялым движением.

– Надоело здесь!– скучливо сказала она.– Дайте руку, я хочу уйти...

– Прикажете позвать наших?

Маргарита Николаевна досадливо качнула головой.

– Оставьте их,– пусть наслаждаются... Проводите меня домой! Или, быть может, вам это не нравится?

Она прижалась к плечу Лештукова.

– Ну вот, опять играете, – сдержанно заметил Дмитрий Владимирович, между тем как в горле у него заходили так хорошо знакомые ему спазмы.

– Играю, милый, играю, – не совсем естественно рассмеялась Маргарита Николаевна, – сказала вам: не могу я сегодня не играть!..

Когда общество отеля вернулось с прогулки и собралось для ужина, Маргарита Николаевна вышла к столу, кутаясь, точно озябшая, в огромный голубой платок. Лицо ее было бледно: глаза, сделавшись на белом лице еще шире обыкновенного, смотрели задумчиво и серьезно, но с добрым и хорошим выражением.

– А Дмитрия Владимировича куда вы потеряли? – лукаво спросил ее Кистяков, подмигивая хозяйкам.

– Не знаю, – с невозмутимой ленью протянула Рехтберг, еще плотнее кутаясь в свой платок. – Кажется, убежал на взморье... По обыкновению, не в духе...

– Значит, вы опять поссорились?.. Ах, Маргарита Николаевна, Маргарита Николаевна! Нехорошо... Грешно вам!..

Маргарита Николаевна не отвечала, рассеянно сосредоточась усталым взглядом на столовой лампе.

VIII

Со шляпой на затылке, расстегнув свой белый жилет, Лештуков шел или, вернее сказать, увязал в песках между морем и пинетою. Луна уже спряталась. Звезды сделались ярче и больше, – проглянули и такие, которых слабые искры до сих пор съедал лунный свет. Лештуков, споткнувшись о крупную раковину, упал на песок и остался лежать: ему лень было приподняться. Прибой добегал почти до его подошв. Ему было хорошо. Кровь в его жилах текла так же буйно, как эти волны, которых он, лежа на спине, не видел, а только слышал... Еще недавно волны были ему ненавистны, а теперь он любил их; ему было приятно думать, что около него бьется и шумит что-то, словно родное его настроению – такое же могучее, громадное и неудержимое, как восторг, переполняющий его сердце.

> Ах, сердце тоже море:
> И бьется, и шумит,
> И также дорогие
> Жемчужины хранит... –

беззвучно пела его память. Широко открытыми глазами он измерял небесный шатер, и казалось ему, будто гул близкой, но невидимой стихии, что охватывает его ветром и солеными брызгами,– лишь отголосок далекого гула движущихся там, наверху, миров.

"Бывают скверные минуты, когда все это таинство красоты представляется озленному тоской жизни человеку – так – чем-то вроде голубого стеклянного колпака с насаженными под него светляками. Но сейчас я почти готов верить в влюбленного великана, как описал его Гейне: я вижу его пламенный сосновый факел... скользит по синеве и пишет мириадами искр предвечное и не умирающее "люблю тебя". Надо быть счастливым, чтобы понимать великое. Надо одуреть немножко от восторга, чтобы в полной мере сознать себя частью этой машины машин – матери-природы. Не знаю, небо ли спустилось ко мне, или я полетел к нему, но я над землею... Сейчас я уже думаю, разбираюсь сам с собою, а – как я сюда попал? Нечистая сила или собственные ноги меня принесли?.. А пять минут тому назад... такого хорошего тумана в голове никогдаеще не испытывал... Без вина пьян – и нет у меня ни одного врага на свете!.. Всех люблю! Рад обнять кого угодно! И все это... Ах, черт возьми!"

Он весело вскочил на ноги и улыбался в темноте.

"Куца теперь деваться? Я петь хочу, смеяться, пить и глупить; хочу видеть людей таких же счастливых, как я сам... Домой – нельзя: у меня, должно быть, откровенное до глупости, счастливое до пошлости лицо. Пойду к Ларцеву; авось он дома и еще не спит".

Все с тою же застывшею на лице улыбкой он поднял с земли свою мокрую шляпу, снял брошенную на нее морем водоросль и медленно пошел к городу. Море гудело вслед ему мощным, ласковым голосом...

Жизнь в Виареджио замирает поздно... Набережная еще горела огоньками обычной иллюминации: в купальном сезоне здесь каждый день праздник. В "Nettune"[41] грохотал военный оркестр. Лештукова обогнали знакомые офицеры-берсальеры: они отправлялись в вокзал на танцы и звали с собой Лештукова, но в модный приют англичан и офицерства его не тянуло; мокрая шляпа и измятый костюм послужили ему извинением. Бодрый, с бойкой уличной песенкой на устах, взбегал он по ларцевской лестнице – широкой и темной... Нога Лештукова уже коснулась верхней ступени, когда ему померещилось что-то живое у двери мастерской Ларцева. Лештуков отшатнулся инстинктивным движением и прижался спиною к стене. И вовремя: вслед затем сильный и увертливый невидимка сцепился с Лештуковым, грудь с грудью; рыча и проклиная, он силился высвободить свою, крепко схваченную Дмитрием Владимировичем руку. Ошеломленный Лештуков боролся, не успев даже сообразить, какого это врага послала ему судьба. В нем закипело слепое бешенство, дикая отвага, какие являются только при нечаянной опасности. Невидимка вскрикнул от боли... Что-то звякнуло по ступеням... Лештуков бросился вниз по лестнице, таща за собою своего неприятеля за вывернутую руку. Неизвестному, должно быть, пришлось очень больно: он почти не упирался.

– Альберто!.. Так я и знал!– вскричал Лештуков при первом луче уличного света. – Мой милый! вы, кажется, дали своему патрону обет попасть на всю жизнь в тюрьму Монтелупо?

Альберто, с пристыженным лицом, угрюмо потирал красную и распухшую правую руку левою.

– Вы мне руку вывихнули, синьор,– сердито буркнул он сквозь зубы.

– А вы меня зарезать хотели, синьор!– насмешливо отозвался Лештуков, пожимая плечами.

– Я не знал, что это вы!.. Тьма, как в аду...

– А я не знал, что это вы!.. Вы, конечно, Ларцева дожидались?

Моряк кивнул головой.

– Я предупреждал... – проворчал он, глядя в землю. Фигура измученного, изломанного неудачною любовью

богатыря показалась Лештукову жалкою. Злое возбуждение борьбы стихло, недавнее блаженное настроение опять вступало в права и манило счастливого на участие и сострадание к несчастному.

---

[41] "Нептун" (ит.).

– Ах, Альберто, Альберто! Что вы только, безумный человек, над собою делаете?!

Альберто поник головою еще ниже.

– Вы, синьор, должно быть, очень счастливо любите, – сурово говорил он, дуя на свои измятые пальцы, – иначе вы поняли бы меня! Вы большой барин, я – мужик, простой матрос. Но сделаны мы из одного теста. И посмотрел бы я, что стали бы вы делать, если бы... Можно все говорить, синьор?

– Говорите, Альберто! После такой хорошей потасовки люди имеют право быть откровенными друг с другом. Кулаки иногда дружат и равняют людей.

– Если бы ходила позировать к вашему другу и оставалась с ним с глазу на глаз каждый день по три часа не Джулия, а синьора Маргарита?..

– Что за вздор, Альберто?! Причем тут синьора Маргарита?

– Простите: вы дали мне право говорить, что я хочу. Я так и сказал, как думал. Потому что я хочу, чтобы вы меня, как следует, сердцем поняли. Не смущайтесь, синьор: разговор этот – между нами! Вы с ней всегда вместе. Что вы не муж и жена, – нам известно. Что вы ее любите, – этого тоже разве только слепой не увидит. А как вы ею мучаетесь и ее ревнуете, – это я лучше всех знаю!

– Черт знает, что несете вы, Альберто!– уже почти с гневом и краснея, возразил Лештуков.

– Синьор!– холодно остановил его Альберто,– у нас на веранде висит зеркало. Взгляните в него, когда вы сидите за столом и пьете свой коньяк, а синьора Маргарита входит в воду.

Лештуков поморщился. Marinajo попал ему не в бровь, а прямо в глаз. Каждый день он переживал по несколько мучительных минут – именно тех, как уязвил его сейчас Альберто. Маргарита Николаевна имела большой успех в купальном мирке. Когда она, сияя улыбкой, стройная и грациозная, появлялась в воде, все мужчины на веранде вооружались пенсне и моноклями и седлали перила барьера. Каждый делал вид, будто даже не смотрит на море, но Лештуков – чутьем человека влюбленного и развратного – хорошо понимал, что все внимание косых и как бы случайных, притворно-рассеянных взглядов мужской толпы вертится около розового лица, розовых плеч и рук, красивым пятном выделяющихся на зелени и белой пене моря...

"Словно лошадь осматривают!" – со злобою думал Лештуков, напрасно стараясь сохранить хладнокровие.

Око за око и зуб за зуб; Лештуков с жестоким раскаянием припомнил, скольких мужей, влюбленных, любовников бесил он сам, шатаясь по "бадортам", тем же, чем теперь бесят его другие. Сколько раз смеялся он над дикой ревностью – "не смотри на мое..." И вот... Чему посмеешься, тому и поработаешь.

Он отлично знал: если все эти итальянцы, немцы, французы не таращатся на Маргариту Николаевну прямо, как на полунагую фигурантку бульварной феерии, то лишь потому, что он сидит на веранде. Его принимают за мужа и опасаются зацепить его самолюбие слишком откровенным цинизмом,– кому же охота нарваться на скандал с человеком, у которого такие широкие плечи и такой суровый взгляд? Эта лицемерная вежливость бесила Лештукова, он десять раз давал себе слово не ходить на веранду. Но когда Рехтберг отправлялась вместе с немками купаться, ему живо представлялось, как она вошла в воду, как с веранды смотрят на нее уже не искоса и исподтишка, а прямо в упор – наводят бинокли, критикуют ее руки и ноги, острят и делают скверные предположения... Он бледнел и, схватив шляпу и трость, все-таки являлся на веранде, с обычным ленивым видом и искусственной улыбкой на губах. Сама Маргарита Николаевна злила его столько же, как и ее созерцатели. Она так часто жаловалась на непрошеное внимание мужчин, что разве очень неопытный мальчик не понял бы, насколько, в действительности, внимание это ей льстило. В море, среди волн и пены, Рехтберг была очаровательна и, конечно, сознавала свою силу. Нет таких женщин, которые бы не знали, когда они хороши собою. Лештуков, когда Маргарита Николаевна осторожным шагом выходила из-под столбов купальни к limite и, держась за канат, бросалась спиною на волны, любил ее до ненависти. Каждое ее движение, каждый взгляд, каждая улыбка представлялись ему умышленными. Ее движения были полны манящей чувственности, и он уже сам не знал, как будет для него хуже думать о Маргарите Николаевне: нарочно это выходит у нее или нечаянно? Если кокетка сознательно дразнит своим телом животные страсти,– скверно. Но любить женщину, в которую гадкий талант пробуждать желания в каждом мужчине посажен самою природой и вырывается наружу инстинктивно, сам по себе, даже не завися от произвола женщины,– едва ли не еще ужаснее.

Лештуков воображал, будто скрывает свои волнения довольно искусно. И что же? Простой моряк видит его мельком на пять минут в день, без всяких разговоров, кроме здравствуй и прощай,– и, однако, выкладывает, как на ладони, всю его любовную психологию и еще хвастается, будто они из одного теста слеплены.

"Прозорливость влюбленного!" – размышлял Лештуков. Вместе с этой мыслью ему стало жаль Альберто, и сам моряк стал близким, родственно

46

понятным ему и милым человеком. Ему захотелось доставить бедняку хоть несколько таких же отрадных мгновений, как сейчас была полна и радостна его собственная жизнь. Он вспомнил, как вчера он уговорил Ларцева покончить свои счеты с Виареджио и уехать, и решил обрадовать моряка этим известием.

– Идем, Альберто!

– В полицию, что ли, синьор?

– Э! какая там полиция между друзьями?.. В какое-нибудь альберго: у меня глотка высохла от возни с вами... Кстати, нам надо еще поговорить.

В харчевне Лештуков едва не вскрикнул, когда лампы осветили лицо Альберто: ходячим трупом показался ему матрос.

– Ой, как вы скверно выглядите!

– Что думает делать художник, синьор? – не отвечая и глядя в землю, спросил Альберто. – Не всегда будет везти ему, как сегодня.

– Он уезжает.

– Это вы его заставили, не правда ли?

– Заставить я не мог бы, но советовал очень... Да будет вам об этом. Вы совсем больны...

– Я с утра ничего не ел и не могу есть. Все противно. Зато жаждою глотку сожгло.

– Так – стакан вина поскорее. Чокнемся, Альберто!

Альберто выпил и вздохнул всеми легкими, с громадным облегчением, словно впервые за целый день обменил воздух в груди своей.

– Так это верно? Уезжает и не вернется?

– Ни в каком случае.

– Стало быть, есть еще честные люди на свете. Тем лучше для него.

Он поднял стакан над головою и бросил его об пол.

– Синьор, так да разлетятся все злые мысли.

Часом позже Альберто, стоя на перекрестке Viale Ugo Foscolo[42], дружески тряс руку русского:

– Синьор!– в голосе его вздрагивали плачущие нотки,– вы меня из мертвых подняли! Вы уедете далеко, вы – большой барин, а все-таки помните, что у вас есть друг, и ему для вас, если понадобится, жизни не жалко. Такие вещи, даже живучи на другом конце света, хорошо знать, синьор. Я рад, что мне не надо обижать художника... Он мне нравится, я хотел быть ему другом. Но что делать? Жизнь приказывала его убить.

Лештуков говорил:

---

[42] Улица Уго Фосколо (ит.).

– Мой совет: не слишком преследуйте Джулию. Пусть опомнится, придет в себя. Дайте влюбленности остыть, самолюбию успокоиться...

– Все равно, синьор. От судьбы не уйдешь. Мне вот уже который день кажется, что я пропащий человек. Кто-то темный гонится за мною по пятам, и добром нам с Джулией не разойтись...

– Э, полно, Альберто! Вы сами сказали давеча: да погибнут злые мысли!

Но Альберто не слушал в волнении.

– Что ж? тюрьма так тюрьма. Только я и на каторге не позабуду вашей фиаски вина и вашей доброй ласки.

– Зачем на каторге? Мы еще отлично увидимся и в Виареджио.

Он был тронут даже глубже, чем хотел, трепетным волнением бедного малого, а тот топтался около него, как большой, ласковый, преданный хозяину ручной зверь и говорил голосом, в котором пел рыдающий восторг:

– Помните, синьор: нет услуги, которой не сделал бы для вас я, Альберто-marinajo. Ваши друзья – мои друзья. Ваши враги – мои враги. Это говорю вам я, Альберто-marinajo. Так вот помните... Приятных сновидений, синьор.

– И вам.

Альберто бросился бежать вдоль по улице и на углу ближайшего переулка остановился.

– Ваши друзья – мои друзья. Ваши враги – мои враги. А я – Альберто-marinajo!– еще раз услышал издали Лештуков.

Матрос скрылся. Лештуков побрел к своему отелю.

– Вот везет мне сегодня!– усмехался он. – Говорят, что спасти свою жизнь, значит второй раз родиться. Ах как ужасно было бы потерять ее именно теперь, когда она так весела и полна! Древние полагали высшее блаженство в том, чтобы умереть в самый счастливый момент жизни. Да! как бы не так! Тут-то и жить хочется, тут-то язык и не повернется сказать мгновенью: остановись!.. Итак, я спас свою жизнь. Затем помирил двух хороших людей и сам приобрел хорошего друга, кажется, самого искреннего из всех моих друзей...

Он был уже в виду своего дома. Счастье хлынуло в него новой волной: в уголке балкона, в креслах, неясно виднелась женская фигура, заслоненная огромным олеандром...

IX

Лештуков нарочно не рассказал Ларцеву о своей схватке с Альберто. Он знал, что художник обладает страстью к выяснению всяких недоразумений, и был твердо уверен, что разговор между Ларцевым и Альберто не замедлит перейти в спор, спор – в ссору, а ссора, пожалуй, в поножовщину. Альберто был слишком свежо обижен, чтобы хладнокровно принимать резкости, а резкостями Ларцев не преминул бы и имел полное право его осыпать. При всем своем добродушии, при всей рассудительности и закономерности своих мыслей и поступков, Андрей Николаевич был одержим избытком физической мужской гордости; прав или не прав бывал – он инстинктивно возмущался против всяких попреков и укоров и лез на стену от грубого слова.

– Если бы я когда-нибудь, сохрани Бог, увидал поднятую на меня руку,– не раз говорил Ларцев и даже слегка бледнел при этом,– я не знаю, что сделал бы! Так полагаю, что либо меня, либо другого мертвым бы взяли с места! Не могу я видеть, как замахиваются или бьют. Верите ли, даже в детстве ни отцу, ни дядям не давался пороться. Если других при мне бьют, тоже не выношу. Это какая-то идиосинкразия. За дело бьют или не за дело, прав битый или не прав,– мне все равно, я не разбираю: при мне языком болтай, а рукам воли не давай. В самом горячем споре я совершенно хладнокровно могу успокаивать, убеждать, уговаривать, даже разнимать противников; они могут позволять себе какие угодно слова,– мне на это наплевать. Но взмах руки в воздухе,– и у меня уже не остается никакого благоразумия, я ничего не помню, в глазах скачут кровавые мальчики, все в красном тумане, и я способен натворить Бог знает чего.

Гордость Ларцева была уже задета отчасти и тем, что ему приходится уезжать. Он сознавал, что Лештуков присоветовал ему исход дела честный, великодушный и благоразумный, но в то же время сомневался: не покажется ли его отъезд из Виареджио трусостью и Джулии, и Альберто, и всем, кроме Лештукова, знакомым с его неожиданным и невольным романом.

Личные волнения испортили ему рабочую полосу; исчезло созерцательное настроение вдумчивой самокритики, в каком особенно нуждался он именно теперь, когда "Миньона" была сделана в общем. Оставалось лишь строго и внимательно отделать картину; на очереди стояли детали: что исключить, что прибавить – вопросы внешней техники, а не самого содержания картины. Себе художник уже угодил "Миньоною". Надо было сделать несколько шагов, чтобы угодить ею наверняка и публике: шагов опасных,– как бы не впасть в шаблон, в потворство вкусам массы. А этого Андрей Николаевич боялся пуще всего.

– Одно дело,– говорил он,– беседовать с толпой своим языком, но так чтобы она тебя понимала и слушалась; а другое – подделываться под ее язык и лебезить перед нею. Первое дело – обязанность всякого художника, но кто пошел по второй дорожке,– ставь на нем крест: кончит олеографическими пошлостями!.. Разыскать истинную границу между понятностью и угодничеством и называется чувством меры; этот дар свободно и здорово действует лишь в уравновешенных художественных натурах.

Вот равновесие-то именно и выбило из Андрея Николаевича события последних дней. С отвращением и ленью повозившись над картиною два утра, он решил, что лучше и впрямь не трогать "Миньоны" до Рима.

– Работать, потеряв тон, не резон: глядишь на картину не теми глазами, как следует. Творческое наитие помутилось потоком внешних обстоятельств, отношений, чувств и мыслей. Смотреть на картину сквозь этот поток и трудно, и опасно, и несправедливо. Нечего ремесленничать! Один ремесленный, вымученный мазок может погубить роскошнейший плод свободного вдохновения.

Ларцев призвал столяра, заказал ему ящики на "Миньону" и еще кое-какие полотна своей мастерской, а сам уехал в горы.

С альбомом и с карандашом лазил он под горячим солнцем по зеленым куполам холмов Камаиоре, карабкался по мраморным уступам Массарозы, брался со сторожами виноградников и погонщиками ослов, питался сыром, от которого болели челюсти, запивая его таким кислым вином, что глаза лезли на лоб... Ночевать приходилось ему у людей, лишенных иного крова, кроме природного навеса скалы, кое-как обгороженного гнилыми, дырявыми досками. В один жаркий вечер Ларцев поднялся к такому дому, прилепленному футами пятьюстами выше Камаиоре.

– Добрый вечер!– отвесил он общий поклон полдюжи-не желтых высохших людей, неподвижно сидевших на булыжниках порога. Я умираю от жажды. Нет ли у вас вина?

– Вина?.. Нету нас вина, синьор!– с вежливою, но втайне враждебною печалью отозвалась женщина, с лица сухая и сморщенная, наподобие выжатого лимона, но с огромным животом, раздутым, как тыква.

– Жаль! Молоко, может быть, есть?

– И молока нет, синьор!

– Черт возьми, что же у вас есть, наконец?!

– Одна нищета, синьор!

Ларцев посмотрел на эту людскую ветошь, истрепанную голодом и лихорадками до того, что, казалось, сквозь тощие тела виднелись исстрадавшиеся души... Ему стало больно и горько... А вечер, как нарочно, был обольстительно хорош: индиговое небо окаймилось золотым закатом, румяные тени дрожали на лысинах гор, на скатах холмов богатейшие виноградники весело впитывали последние отблески лучей ушедшего за гору солнца; внизу, как в муравейнике, кипела жизнь маленького, бойкого городка, очнувшегося, в предчувствии вечерней прохлады, от сытой послеобеденной спячки под гнетом дневного зноя. Ларцев сел на порог горного гнезда,– домом, даже хижиной, он не решался назвать эту стройку троглодитов XIX века.

– Как бы то ни было, я прошу позволения заночевать у вас. И вот десять франков: не добежит ли кто-либо до города купить хлеба и вина?

Ночуя в лачуге, Ларцев мог убедиться, что под ее кровом, кроме нищеты, живет еще и честность. Он был один в далеком горном пустыре, между голодных, одичалых от нужды людей, он показал им туго набитое портмоне,– и, несмотря на то, спал среди накормленной им семьи так же крепко и безопасно, как спал бы среди собственной. Между тем урочище, где висело гнездо отощавших полудикарей, слыло в округе разбойничьим, и окрестные власти зорко следили за ним, как за язвою здешних мест.

– Подите же!– рассуждал Ларцев, шагая поутру узкою горною тропинкой сквозь цепкий орешник,– в легальной и благоустроенной Флоренции меня три раза обкрадывали кельнера лучших отелей, причем, я полагаю, каждый из этих каналий,– если пошевелить деньжонки, положенные им в банк на предъявителя,– вдвое богаче меня самого. А из вертепа нищих ухожу, не потеряв ни одной копейки и, наоборот, приобретя очень много... блох.

В Виареджио он явился поздно к вечеру–совсем оборвышем, с бронзовым загаром на лице, облупленном горными ветрами. Слуга, преданный малый из натурщиков, уже второй год скитавшийся за художником в его кочевье по Италии, сообщил Ларцеву, что Джулия трижды приходила без него, каждый раз все более и более в волнении.

– Ей, синьор, очень хотелось знать, правда ли, будто вы уезжаете. Я сказал: "Что я знаю?! Господин велит мне уложить чемоданы,– вот мое дело! Пока он еще не приказывал. Сейчас он в горах. Когда приедет, расспросите его сами. Если,– говорю,– за сеансы вам остался должен,– вы не беспокойтесь, за ним не пропадет; не такой синьор; нас все знают".

– Я ей ничего не должен,– поморщился Ларцев. – Ах как это вы глупо сказали, Маттиа! Что же она вам ответила?

– Да, признаться, то же, что вы, синьор.

– То есть?

– Завязала мне дурака, синьор. А сама – белая как полотно, и глаза...

Право, я не видал таких глаз, синьор: как будто на всем лице одни глаза только и есть; так искрами и сыпят!.. Мне она показалась странною, синьор, и я даже ходил к синьору Деметрио посоветоваться с ним, как быть, если она еще раз явится.

– Что же вам сказал Лештуков?

Маттиа лукаво улыбнулся.

– Он сперва, синьор, сказал мне: "А? Что?.." Тут его позвала синьора Маргарита. Он разговаривал с нею добрых пять минут, потом вспомнил обо мне, извинился, что заставил ждать, и сказал: "Да, да, да, так вот какие дела?.." Синьора Рехтберг опять его позвала... "Ну, это как-нибудь все устроится",– поспешно сказал синьор Деметрио, сунул мне в руку золотой, чего, сказать вам правду, синьор, за ним прежде не водилось,– и поспешил к синьоре... Я понял, что мне дожидаться нечего...

Ларцев переменил костюм и отправился к Лештукову в некотором недоумении: что за перемена приключилась с человеком, всегда так горячо принимавшим к сердцу его интересы. На балконе никого не было. Нижний этаж был пуст: богема отеля, в полном своем составе, уже убежала на мол. В столовой возилась с посудою служанка. Андрей Николаевич спросил о Лештукове. Служанка с сердитым видом, молча, ткнула пальцем на потолок. Андрей Николаевич поднялся на лестницу поневоле бесшумно, благодаря своим плетеным туфлям,– и на поворотной площадке, не доходя несколько ступенек до верха, замер на месте, в нерешимости: идти ему дальше или лучше спуститься обратно вниз? Сквозь перила и полуотворенные двери в кабинет Лештукова ясно рисовался силуэт Маргариты Николаевны Рехтберг. Она сидела в глубоких креслах, уронив белые руки на склоненную к коленам ее голову Лештукова. Луна бросала в комнату яркое пятно света, и Ларцев, из темноты, мог разглядеть полузакрытые глаза Маргариты Николаевны и ее странную, задумчивую улыбку. Лица Лештукова он не видал, но поворот его головы, его полулежачая поза, были полны ленивой неги и силы.

"Вот как!– насмешливо подумал Ларцев.– Нежная сцена и поза счастливого собственника! Медовый месяц. С чем и имею честь поздравить. Теперь я извиняю ему небрежность к моим делам и невнимание к Маттиа. Раз дело дошло до живых картин, человеку уже не до друзей. Однако..."

Андрей Николаевич засвистал итальянскую песенку и стал как можно медленнее подыматься по остальным пяти ступенькам лестницы. Лештуков и Рехтберг встретили его восклицаниями,– слишком радостными, чтобы быть искренними. Ларцев понял и, посидев с влюбленной парочкой минут десять в лунных сумерках, откланялся, обещая прийти к ужину с мола, куда отправился искать остальную компанию отеля.

Он шел и ворчал про себя.

– Конечно, я очень рад за милейшего Дмитрия Владимировича, если эта любовная удача встряхнет его немножко. Только он здесь, кажется, слишком всерьез забрал, а предмет-то для серьеза выбрал куда не подходящий! Знаю я этих флертисток новейшего пошиба! Самый яд для нашего брата – артиста. Всю нервную силу, которая наделе нужна, в конце концов ухлопываем на них... Нет, дудки! Нас этак не запрягут: самому дороже... Какая, однако, романтическая полоса пошла у нас в колонии... Даже в воздухе что-то такое есть... Но мне все-таки немножко грустно и досадно. Когда в воздухе носятся бациллы любви, микробы дружбы вымирают. Пока не уймутся счастливые волнения страсти, мой милейший Дмитрий Владимирович для меня потерян. Даже умнейшие люди делаются на это время дураками, и им не до друзей... О страна любви, страна любви, на твоей душе останется этот грех!..

X

Лештуков, послав с балкона уходящему Ларцеву дружеский знак рукою, отвернулся от улицы совсем уже не с дружеским лицом.

– Уф! Слава Богу, опять одни!– сказал он, вздыхая, будто сбросил с плеч огромную тяжесть. – Я так боялся, что он останется и испортит нам вечер. Вот какая подлость любовь: друг, а мешает. Жмешь руку, хлопаешь по плечу, а сам думаешь: "Ах черт бы тебя побрал!.. убирался бы ты поскорей!"

Маргарита Николаевна молчала. Лештуков опять опустился к ее ногам, взял ее руку и положил ладонью на свое лицо.

Через луну перебежали два легких облачка, и отражения их мимолетною рябью мелькнули по влюбленной чете.

– Знаешь... – начала Рехтберг.

Лештуков насторожил уши: в тоне Маргариты Николаевны ему послышалось неудовольствие.

– Знаешь, это глупо вышло, что он так застал нас и потом ушел... Бог знает, что может он о нас подумать!

– А пускай!

Дмитрий Владимирович, в полудремотном состоянии, откинул голову на колени Рехтберг и ждал, когда она наклонится к нему, чтобы губами встретить ее губы. Но она отодвинулась с заметною досадою.

53

– Как я не люблю тебя таким!– вырвалось у нее.

– Каким "таким"? – лениво переспросил Лештуков, приподнимаясь на локте.

– Когда тебе все на свете "пускай", когда тебе решительно все равно, что обо мне будут говорить, думать.

Лештуков сел на скамеечку у ее ног.

– Прости меня,– серьезно заговорил он,– но я не понимаю, за что ты делаешь мне подобные замечания,– обрати внимание: за три дня, по крайней мере, уже в десятый раз... Выясним, сделай милость: как же, собственно, вести мне себя?

– Так, чтобы наши отношения не резали людям глаза, чтобы они не думали больше, чем следует!

– Поверь мне, Ларцев больше, чем следует, и не подумал.

– То есть, он ушел в уверенности, что мы с вами в связи... Очень приятно!

– Если и так, что за беда?

Маргарита Николаевна даже отшатнулась.

– Да вы, кажется, с ума сошли, Дмитрий Владимирович!

– Ничуть! Людские рты надо замазывать, когда они клевещут, людские глаза надо обманывать, когда они без спроса лезут в чужую тайну. Но если тайны никакой нет, если люди видят и говорят правду, какое нам дело?

– Как? Вам ничего, если мое имя будет трепаться по всем улицам праздными языками?!

– Виноват! Что вы понимаете под этим "трепаться"?

– Если будут говорить, что я, Маргарита Рехтберг, ваша любовница... вам все равно?

Лештуков встал на ноги и прислонился к дверной притолоке.

– Нет, не все равно!– медленно сказал он. – В первый раз, как я услышу такое слово, я подойду к тому, кто его произнес, и поправлю, скажу: "Вы ошибаетесь, Маргарита, бывшая Рехтберг – не любовница моя, а моя жена..."

Маргарита Николаевна резко и искусственно засмеялась.

– Да, только этого и недоставало.

Она тоже встала с кресла и тоже прислонилась к притолоке лицом к лицу с Лештуковым.

– Вы какой-то безумный, вас лечить надо!– отрывисто бросала она фразу за фразой, в недоумении пожимая плечами. – "Пускай говорят, что любовница... поправлю, что жена..." И, главное, вы ведь, действительно, способны на такую выходку, от вас станется... Думаете ли вы о том, что

54

говорите? Вы словно с облаков свалились и в земной монастырь лунные уставы принесли!.. Неужели вам не приходит в голову, что у меня есть репутация, что я ношу чужое имя и обязана сохранять его чистым?!

– Теперь не приходит. Приходило раньше,– когда и вам об этом надо было думать,– спокойно возразил Лештуков. Маргарита Николаевна вспыхнула как порох.

– Что вы этим хотите сказать? – воскликнула она. – Что, уступив вашей любви,– ведь вы искали меня, добивались меня! вы, вы, а не я!– я пала, погибла, и ко мне можно прибивать какие угодно вывески?!

– Пожалуйста, перестаньте нервничать. Вы отлично знаете, что ничего подобного я сказать не хотел. Каждый, кто попробует вас оскорбить или не уважать, будет иметь во мне врага. Зачем же эти выходки?

– Я не могла предвидеть, что вы поставите меня так, чтобы я потеряла в глазах общества всякое уважение!.. Вы думаете, я не вижу, как на меня здесь смотрят?!

– Вы воображаете гораздо больше, чем есть на самом деле. Сами создаете себе рой Бог знает каких призраков и потом их пугаетесь. Никто на вас дурно не смотрит, и ничьего уважения вы не теряли. Это раз. А два: если бы что-нибудь подобное и было, я повторяю: мы должны были этого ждать, мы на то шли. Послушайте, Маргарита! Мы с вами уже сотни раз объяснялись, как будто бы и серьезно, но, по-видимому, вы до сих пор все-таки считали мои слова лишь за эффектную гимнастику любовного красноречия. Я говорил вам, что люблю вас сильно, что вы единственная женщина, с которою я хотел бы связать свою жизнь. Вы видите, я – человек на переломе четвертого десятка – бросил все: свою семью, своих друзей, свою родину, свое любимое дело – и мечусь с вами по Европе, как Вечный Жид. Не идиот же я, наконец, и не сатир козлоногий, чтоб проделывать все эти безумства ради того лишь, чтобы... ну, словом, ради интрижки с пикантной женщиной. Женщин для интрижек всегда и везде больше, чем надо,– гораздо более...

– Я, кажется, в их число не напрашиваюсь... Вы хвастаетесь своей серьезною любовью... Если б я была женщиной, способной на интрижку, я – думаю – не заставила бы вас проделывать все эти "безумства", как вы выражаетесь – не особенно любезно, заметьте! Вы серьезно чувствовали, я серьезно на ваши чувства смотрела.

– И в результате все-таки предлагаете мне интрижку.

Маргарита Николаевна нервно передернула плечами.

– Это несносно, наконец!

– Как же иначе-то? Посудите сами: к чему сводятся наши отношения? К тайне, то есть к преступлению. Я предлагаю вам открытую, свободную и честную любовь, я готов защищать честь своего чувства перед целым светом, защищать на жизнь и смерть – чем и как хотите: своим словом, своею мыслью, своим кулаком, наконец. Готов потому, что вижу в нем высшее благо своей жизни. Я горжусь тем, что люблю вас. А вы мою гордость считаете своим позором! Говорите: "Нет, все, что угодно, кроме света... спрячемся, как можно глубже, в потемки, и – чтобы никто, никто не смел и подумать, будто я снизошла до любви к вам!" Именно это наш брат, охотник срывать в чужих садах запретные цветы удовольствия, и называет интрижкой на благородных основаниях. Есть скверненькая приятность добиваться подобных отношений от женщины, когда ее презираешь, но разве они мыслимы, если женщину боготворишь? В потемках женщина – самка, жена она – только при свете. Самок я мог бы найти и лучше вас, и красивее... А в вас я искал жену...

Маргарита Николаевна опять резко засмеялась.

– В замужней-то женщине?! Ха-ха-ха!!! Да это сцена из "Ревизора" – на трагический манер!..

Лештуков выпрямился. Его бледное под лунным светом лицо было строго.

– Да,– гордо сказал он. – В замужней женщине, которая всем своим поведением, каждым словом, каждым поступком, давала мне понять, что ее брак – огромное недоразумение и несчастье ее в жизни! В замужней женщине, которая заставила меня думать, что она еще не знала истинной любви и что я первый зажег в ней искру чего-то похожего на страсть! В замужней женщине, которая так искренно и хорошо говорила о своем семейном долге, о своем уважении к мужу, о любви к своему ребенку,– что, именно, о легкой-то, для милого провождения времени, интрижке не смел подумать даже я – скептик, ославленный развратником... Спросите свою память, спросите свою совесть: звал ли я вас когда-нибудь на обман, на фальшивую игру с семьею и обществом? Нет, я вас слишком уважал, чтобы считать способною на грязненькую лавировку между мужем и любовником. Преследовал ли я вас когда-нибудь своими притязаниями – прежде, чем вы не сказали мне: "Я твоя"? А ведь мы с вами проводили целые дни и долгие вечера вдвоем; оба мы молодые люди; я вас любил, я вам нравился. Я не святой, вы не святая; техника флирта, импровизация любовной песни, нам обоим даже чересчур хорошо знакома...

– Ах, оставьте вы эту беллетристику, ваши психологические тонкости!– истерически вскрикнула Маргарита Николаевна. – Попросту, вы хотите сказать, что ждали, пока я сама брошусь вам на шею. Что ж? Можете торжествовать: дождались. Только – вы хвалитесь своим рыцарством, а это уж более чем не по-рыцарски – напоминать женщине ее прошлую глупость.

Лештуков чувствовал, как в душе его задрожали гневные струны, до сих пор неведомые ему самому.

– Я только хотел сказать,– глухо возразил он,– что никогда не возникло бы между нами отношений, допускающих подобные сцены, если бы я не ошибся – не поверил вам, что вы именно так же хорошо меня любите, как я вас.

В сумерках лунной ночи Маргарита Николаевна видела суровый блеск его глаз. Ей стало и жутко, и приятно, что ее так любят.

– Ты иногда какой-то страшный бываешь... Тебя бояться можно!.. – сказала она капризно-жалобным тоном, кутаясь в платок.

Лештуков молчал.

– Ты, пожалуй, убить способен!..

– Тебя?..

Лештуков задумался; перед глазами его почему-то промелькнуло лицо Альберто в ту минуту, когда лодочник говорил ему, будто они из одного теста слеплены.

– Пойми же ты!– продолжала все так же капризно Маргарита Николаевна.– Я ведь не спорю: ты во всем прав; следовало бы поступить, как ты хочешь, это было бы честно... Но – если я не могу? Я не знаю, что такое: воспитание ли это мое, просто ли – натура у меня жидковатая, заячья, но я всяких "или-или" вообще боюсь, а уж когда они являются в семейных вопросах,– не говори! Я дрожу, я теряюсь, я дурой делаюсь!

– Я вовсе не касался бы этих вопросов: о них столковаться – без спора не удастся, я знаю, я предвидел; а сейчас – не время споров, но время счастья... Наша любовь слишком молода, чтобы омрачать ее. Но ты сама напала на меня по поводу Ларцева...

– Что ж делать? Я не выношу фальшивых положений!

– Я тоже до них не охотник. Раз попали в фальшивое положение, надо из него выйти.

– Опять начинается сказка про белого бычка! Оставь свои теории, гляди на дело практически, как оно есть. Чего ты хочешь? Гражданского брака? Чтобы я сошлась с тобою, как говорится, maritalement?[43] Я прямо тебе говорю, что это невозможно; мне вечно будет казаться, будто на меня весь свет показывает пальцами. Может быть, и не станут показывать, а казаться мне все-таки будет. Я мнительная и выросла в таких понятиях, что это для женщины самый большой позор... И, так как ты будешь причиной этого позора, я тебя, вероятно, возненавижу через два-три дня после того, как мы сойдемся. Я ведь терпеть не могу страдать и ненавижу все, что меня страдать заставляет... Не ищи этого, не добивайся!

---

[43] Гражданский брак? (ит.).

— Есть возможность развода.

— Развода мне муж никогда не даст, он самолюбивый и... Не злись на меня за эти слова! Я никогда не решусь ему сказать, чтобы он дал мне свободу любить другого человека. Я его боюсь...

Она задумчиво посмотрела в хмурое лицо Лештукова.

— Боюсь,— повторила она,— больше, чем даже тебя... Если ты меня убьешь, то убьешь по страсти. Это будет преступление. Ты останешься преступником, а я умру – жертвою. Но за мужем – право... Он может уничтожить меня, как собственность, как вещь, которая была хороша, но испортилась и только срамит собою дом. Он убьет и будет прав, а я и мертвою останусь виноватой. Убьет,– и все скажут: "Молодец, что убил! так ей, дрянной, и надо было!" Не спорь! Это так, я верю в это, а веру никакими возражениями с места не сдвинешь. Если бы ты видел мужа, то знал бы, что он решительно на все способен. Он вежливый, сдержанный, но весь из правил – точно всю жизнь разбил на клеточки, как в лото... Выбросит ему судьба номер на такую клеточку, что, по правилу, надо убить: он и убьет. Я его не люблю,– он знает и любви не требует: он горд, милостыни не возьмет. Мы уже не первый год живем как чужие. Но я ношу его имя, и мою честь он считает своею честью. На имени же и чести своей он не то что пятна – даже тени не стерпит. А человек он старых понятий, признает в таких случаях одно лекарство: кровь. Эта откровенность отношений – тебе желанная – должна привести лишь к трагическому скандалу: либо дуэль на смерть, либо убийство, либо самоубийство... Что из трех зол ни выбрать,– от всего надо с ума сойти!

Прошла минута тяжелого молчания. Лештуков злобно барабанил пальцем по двери; ненавидел он этого никогда невиданного им таинственного мужа страшно... С суеверным страхом пред ним Маргариты Николаевны он сталкивался не в первый раз. Эта смелая, бойкая женщина, без семьи и национальности, полжизни рыскающая по разным модным курортам, среди самых разнообразных приключений, в кокетливой погоне за флиртом, вздрагивала, как от удара хлыстом, когда ей приходила в голову мысль о муже, оставленном в Петербурге мирно влачить служебные дни на довольно высоком посту. Точно незримое, но всевидящее око проплывало в тумане ее мыслей насмешливою и жестокою угрозою.

Лештуков вздохнул глубоко и вздохом прогнал судорогу, схватившую было его горло.

— Тогда... надо разорвать,– с усилием сказал он и, откачнувшись от притолоки, скрылся из лунного пятна в черную глубь комнаты.

Маргарита Николаевна откинула голову на спинку кресла; белый свет красиво дрожал на ее лице.

58

– Может быть,– сказала она, потянулась и закинула руки за голову жестом, полным чувственной неги. – Только не сейчас...

Лештуков угрюмо ходил по кабинету. Она поймала его за руку и привлекла к себе.

– Только не сейчас!– с улыбкой повторила она, заставляя его опуститься на колени, и облокотилась на его плечи. – Сейчас я слишком тебя люблю и хочу, чтобы ты меня тоже любил... без ума, без памяти... как только такие сумасшедшие могут любить...

XI

Джулия переживала дни отвратительного настроения; она даже подурнела и похудела за это время. Она соображала: если Ларцев после всего, что между ними произошло, не прибежал еще упасть к ее ногам с восторгом раба, счастливого вниманием своей царицы,– значит, этого вовсе не будет, значит, он ее не любит. Джулия не знала, точно ли она и в самом деле так сильно любит Ларцева, как ей казалось. С тех пор как эта девочка начала подрастать, она только и слышала вокруг себя что комплименты да возгласы восторга. На четырнадцатом году ее чуть не украли по поручению какого-то сластолюбивого кардинала, побывавшего проездом в Виареджио. Джулия выросла в тщеславном убеждении, что она красавица из красавиц и что обладание ею будет счастьем для всякого, кого она удостоит своею любовью. Ее дело – выбрать себе мужа или любовника, а не дожидаться мужского выбора. Международная толпа купаний посылала Джулии ухаживателей самых разнообразных по сословиям, состоянию, общественному положению, национальности и даже – по цвету кожи. Ее любви добивались все – начиная с Альберто и кончая заезжими испанскими грандами с Сидом Кампеадором в корне родословного дерева. О страстности темперамента и романической живости воображения итальянок гораздо больше говорят и думают, чем есть на самом деле. У девушки из славянского, германского, даже французского простонародья, попади она в такие опасные условия, как поставлена была Джулия, давно уже закружилась бы голова. Но от Джулии все соблазны отскакивали, как от стены горох. Вековое заблуждение относительно мнимой легкости нравов итальянских женщин посеяно еще Боккачио, Бьонделло, Аретином. Но если бы такая легкость и существовала,– то во всяком случае обманутый муж гораздо более частый зверь в Италии, чем жених, которому подсунули невесту сомнительной

59

невинности. В шестнадцать, в семнадцать лет итальянка (по крайней мере, в низших и средних слоях общества) думает не столько о любовном романе, сколько о замужестве. Прежде всего ей надо выйти замуж. А как сложится жизнь с мужем,— потом видно будет, от мужа зависит. Выйти замуж за какого-нибудь дуку-ди-Караффа или маркиза Кавальканти Джулия, конечно, никогда не метила, в каких бы пламенных клятвах не рассыпались перед нею благородные отпрыски древних фамилий. Она понимала, что времена, когда крестьянки делались герцогинями, уплыли в область сказок, что теперь браки герцогов и маркизов – дело чуть не государственной важности. Будущность свою Джулия рисовала по весьма прозаической и простой схеме. Обожание купальщиков дает ей лишние лиры. Лиры эти она разменивает на золото и, в канун каждого воскресенья, относит в сберегательную кассу; это – ее приданое. Когда придет время выйти замуж, она будет завидной невестой с кругленькой суммой в банке, вполне достаточной для того, чтобы после свадьбы открыть или торговлю, или таверну, где у нее будет своя, отдельная от мужа доля, обусловленная в свадебном контракте. За Альберто Джулия выйти не собиралась, а не отказала ему решительно – по трем причинам. Во-первых, Альберто был так же избалован вниманием иностранок, как она – вниманием иностранцев. Девушке льстило пренебрежение, с каким он, по одному взгляду Джулии, готов был отправить ко всем чертям немецких баронесс и русских коммерсанток, даривших ему драгоценности за одну прогулку по морю, за десятиминутный урок плаванья. Джулия построила в своем уме такую лестницу местных нравов: господа раболепствуют перед своими барынями, барыни унижаются перед Альберто, а Альберто – моя собака. Во-вторых, ее практическая головка отлично сообразила, что брак с Альберто нимало не помешает ее карьере горничной при купальнях. Напротив, соединяясь вместе, они – две местные купальные знаменитости – получат и более верные ангажементы, и более солидное обеспечение, чем порознь. Джулия рассуждала совершенно таким же образом, как рассуждает модная оперная примадонна, выходя замуж за такого же, как она, модного тенора. Наконец, Джулия, несмотря на свою выдержку в отношении всяких Караффа и Кавальканти, все-таки находила, что ей не лишнее иметь над собою страх. Выдержка хотя и много значит, а все-таки гораздо меньше, чем горячая кровь девушки на выросте, да еще в стране любви с ее воздухом, отравленным песнями, звуками мандолины и любовными речами.

С Ларцевым у Джулии вышло огромное недоразумение. Художнических восторгов синьора Андреа Джулия не в состоянии была понять, а заключила из них, что Ларцев просто влюблен в нее, как все другие. Прошло две, три недели; Ларцев продолжал восторгаться Джулией, вступил с нею в большую дружбу, но ни на какие объяснения в любви не посягал. Избалованная поклонением, девушка сперва изумлялась, потом стала сердиться, самолюбие ее было затронуто. Ларцев ей очень нравился, особенно с тех пор, как однажды он рассказал ей свою биографию. Она узнала, что богатый и блестящий художник по происхождению ничуть не выше ее, и, следовательно, они – до известной степени – пара. Сдержанность Ларцева Джулия принимала за робость высказаться.

"Он человек честный,– думала она,– сбивать меня с толку, как иные стараются, не хочет, а на серьезное не решается, ждет. Что он меня любит, это верно; иначе зачем бы он именно меня, а не другую выбрал для картины? Зеленщица Анунциата, булочница Киара – не хуже меня... Их тоже художники рисовали, да еще какие и по скольку раз!.."

Джулия, в простоте своей, смотрела на картину, как на что-то вроде портрета, с твердой уверенностью, что ни в чем другом, а именно в ней-то, в Киаре или Анунциате, и была суть полотен, для которых они послужили моделями; ее логика говорила: рисуют нас,– значит, мы того стоим; пускай все видят, какие мы красивые!

Бес разбудил бестолковую ревность в сердце Альберто. Он сделал грубые сцены и Джулии, и Ларцеву. Джулия росла сиротой и в большой бедности, но – девушка гордая и самостоятельная – она, на коротком веку своем, не имела еще случая чувствовать над собой власть: посягательство влюбленного моряка на ее совесть взбесило ее. Она сразу исполнилась ненавистью к бестактному жениху и, в той же мере, как возненавидела Альберто, полюбила художника. Головка у ней кружилась, самолюбие играло. Так как художник ничего ей не говорил, она решилась высказаться сама. Она знала: бесчестным способом Ларцев ее откровенностью никогда не воспользуется, а думает ли он о ней серьезно – пора была выяснить...

Когда Ларцев ушел в горы, а Лештуков при следующей встрече с Джулией как-то странно мямлил, рассеянно смотрел на горизонт и старался говорить решительно обо всем – только не о художнике,– девушка догадалась, что излишняя самонадеянность поставила ее в глупейшее положение. Буря оскорбленной гордости забушевала в ее душе. Три дня она ходила сама не своя, с суровым лицом и опущенными глазами, стараясь не выдать себя при молчаливых встречах с Альберто: они уже несколько дней как не разговаривали, потому что через два слова у них уже закипала ссора. И Альберто оставалось лишь следить за

Джулией повсюду, с утра до вечера, а Джулии – неизменно чувствовать на себе его пытливый взор... Что Ларцев, по возвращении из гор, должен скоро совсем уехать из Виареджио, сказал девушке столяр, который делал художнику ящик для Миньоны. Джулия растерялась: ей только теперь стало понятно, какую огромную любовь вырастило самолюбие в ее сердце за несколько суток помех и бурных сцен; ей ясно представилось, как с отъездом Ларцева от ее сердца оторвется что-то такое огромное и хорошее, без чего и жизнь станет не в жизнь. Она испугалась за себя. Гордость ее ужасно страдала, когда она, как нищая, должна была стучаться к Маттиа и выслушивать его уклончивые ответы, сопровождаемые дерзкими улыбками зазнавшегося лакея. Лештуков тоже слишком ушел в свой "медовый месяц", ему было не до Ларцева и не до Джулии,– да к тому же, что он мог сказать девушке? Ударить ее по сердцу советом оставить Ларцева в покое он никогда не решился бы. Он не был рожден для резких операций. Поэтому он держался с нею политики неведения и – на косвенные вопросы Джулии, что будет делать Ларцев, когда вернется, останется ли в Виареджио или уедет и, если уедет, то как, куда и когда,– только разводил руками: "Chi lo sa?"[44]

Назавтра, по возвращении Ларцева из гор, Джулия пришла на рынок за покупками.

– Что твоя картина, Джулия? – ласково спросила ее Киара: что Ларцев пишет Джулию, знало все Виареджио.

– Очень хорошо идет,– пробормотала девушка, розовея,– скоро конец... Вот как синьор художник вернется... его сейчас нет в городе...

– Как нет в городе?!– вскричала Киара. – Но он только что сейчас проехал мимо в фиакре!

– Что ты говоришь?!

– Да... туда... – Киара махнула рукою к железнодорожной станции. – И с ним сидел этот другой русский – его приятель.

Зелень и хлеб рассыпались из передника Джулии на мостовую. Джулия не вернулась поднять их, сколько изумленная ее неожиданным бегством Киара ни кричала ей вслед.

Девушка сломя голову бежала на станцию. Она вспомнила, что в половине первого есть поезд на Рим,– следовательно, Ларцев уезжает из Виареджио. Допустить его уехать не простившись, казалось ей столько ужасным, что она даже представить себе не могла, как переживет она, если упустит его, опоздает к поезду.

Ларцева провожали Лештуков, Кистяков, Франческо и Леман.

---

[44] Кто знает? (ит.).

Римский поезд еще не прилетел из Специи. Шампанское пенилось в бокалах... Лештуков был в ударе и говорил прощальный юмористический спич, когда Джулия появилась в дверях станционного ресторана. Лештуков, заметив ее, поперхнулся, а Ларцев густо покраснел и поспешно встал навстречу девушке.

— Вот как хорошо вы сделали, что пришли!— смущенно заговорил он, чувствуя под укоризненным взглядом Джулии, что сердце его сжимается от боли и какого-то таинственного стыда пред этою не любимой им девушкой.

В чем его вина перед Джулией, он сам не понимал: ведь он так благородно уезжает от опасности нарушить ее счастье, ввести ее в беду и грех. Но — что вина есть, и вина громадная, диктовал ему именно этот странный непроизвольный стыд.

"Точно я у этой девочки украл что!" — ползала в уме его смущенная мысль.

А Леман шептал Кистякову:

— Ага! Кот сливки слизнул, да уж и думал, что не высекут!

— Вы уезжаете, не простившись со мною, синьор!— сказала Джулия, глядя художнику прямо в глаза. Ларцев опустил голову.

— Так надо, Джулия!— тихо сказал он.

Она с тою же укоризною качала головою, молча смотря на Ларцева взглядом насмерть раненной серны.

— Так надо, так лучше будет!— убедительно повторил Ларцев. — Вы сами это знаете!

Джулия не отвечала и продолжала качать головою.

— А она его не пырнет? — смутился вдруг Франческо.

— Что за глупости?

— Смотрите! Глазищи-то!.. А то, может, карабинеру мигнуть? Пусть бы тут постоял...

Недостача слов, незнание, чем утешить Джулию, давили Ларцева, как тяжелою плитою.

— Когда-нибудь мы с вами встретимся при лучших условиях и веселее, чем теперь!— начал художник, чтобы что-нибудь сказать.

Неловкость положения с минуты на минуту становилась для него все больнее и больнее; тем более, что он видел и слышал, как провожающие русские с любопытством перешептываются, наблюдая его объяснение, и только Лештуков беспечно делает вид, будто изучает ярлыки на верхних полках буфета.

— Может быть!.. — скорбно пролепетала Джулия, и глаза ее наполнились слезами.

Она кусала губы, чтобы не разрыдаться при посторонних. Андрей Николаевич, замечая эти усилия, чувствовал у самого себя "глаза на мокром месте".

– Джулия, я просил Лештукова передать вам...

– О, синьор!– перебила девушка, гордо выпрямляясь,– мы с вами в полном расчете.

– Но я полагаю,– мягко извинился художник,– что вы не откажетесь принять от хорошего друга маленькую сумму в подарок? Скажу вам откровенно: никакими деньгами не окупить услуг, оказанных вами моей картине!..

– Деньги, когда их дарят друзья, говорят, приносят несчастье, синьор!

Ларцев задумался.

– Пускай же то, что передаст вам Лештуков, войдет в плату за сеансы. А на память обо мне – примите вот это!

Он снял с себя часы – великолепный старинный хронометр – и подал его Джулии вместе с цепочкой и всеми навешенными на ней брелоками и жетонами.

Леман кивал Кистякову:

– Кажется, пошли в ход вещественные знаки невещественных отношений. Что, чертова перечница? Будешь в другой раз знать, как обольщать иностранных девиц?

– Я не возьму, синьор... Это слишком дорогая вещь... С этими привесками, конечно, для вас, связаны воспоминания.

– Тем приятнее мне будет оставить эту вещь у такого хорошего человека, как вы, Джулия!

Эта прощальная ласка любимого человека ободрила бедную девушку.

– Благодарю вас... Они у меня как святые будут!

Поезд налетел, быстро выбросил пять или шесть элегантных пассажиров, быстро принял в вагон Андрея Николаевича,– художник едва успел пожать руки друзьям,– и полетел дальше, гремя и заливая дымом маисовые поля.

– Ларцев исчез, и все, что было в нем приятного, исчезло вместе с ним!– сострил Кистяков,– айда домой, господа!

Леман говорил:

– Удивительное дело, братцы мои, откуда бы наш брат, русский художник, ни уезжал, непременно по нем натурщица плачет.

Лештуков взглянул на Джулию: она стояла вдали от их группы, с перекошенным ртом и такая же белая, как столб, к которому она прислонилась.

– Вы ступайте вперед, господа!– сказал он,– а я вас сейчас догоню: у меня есть поручение к этой девице...

Он слегка окликнул Джулию, но она не отозвалась. Леш-тукову пришлось подойти к ней и дотронуться до ее плеча. Она обратила на него долгий взгляд.

— А, это вы... — сказала она с какою-то бессмысленною рассеянностью. — Вы заметили: он на меня последнюю взглянул, когда входил в вагон, и еще кивнул мне головой, когда поезд был – вон там!

— Джулия... – начал Лештуков. Девушка прервала его.

— Он, кажется, деньги вам для меня оставил? Они с вами? Дайте их мне!

"Довольно прозаический финал для столь возвышенной драмы",– насмешливо подумал удивленный Лештуков.

— Получите.

Он передал Джулии завернутый в бумагу и перевязанный ниткой столбик золота. Джулия крепко зажала деньги в руке.

— Он сейчас, в самом деле, в Рим поехал?

— Да, кажется,– нерешительно отвечал Лештуков.

Джулия прямо взглянула на него.

— Вы знаете, что я сделаю с его золотом? Я на эти деньги за ним поеду, синьор!

При такой неожиданности Лештуков мог только пожать плечами.

— Напрасно, Джулия!

— Да, синьор, не качайте головой: поеду и найду его, где бы он ни был – в Риме, в Неаполе, в Милане...

— Эх, Джулия, ничего из этого не выйдет. Не пара вы.

— Синьор, он сын крестьянина, как и я... Разве ваши крестьяне благороднее наших?

— Да не то, Джулия. Не о происхождении речь... А не годитесь вы друг для друга.

— Синьор!.. синьор!.. не людям, мне судить об этом! Мое сердце выбрало его.

— Ну, а его сердце не хочет и не умеет знать ничего, кроме своего таланта, который у него действительно огромный... Вот вам никогда и не понять друг друга.

— Талант... дар Божий... – горько возразила Джулия. – А моя красота разве не великий дар Божий? Если Бог одарил его, то и меня Он не обидел. Мы оба равны перед Ним, синьор.

Лештуков согласно опустил голову, не только тронутый, почти пристыженный глубоким убеждением, прозвучавшим в наивном признании девушки.

— Да, вы прекрасны, Джулия. И вы хорошая девушка. Вы стоите большой любви.

— Он не любит меня, синьор, но должен будет меня полюбить, потому что... потому что иначе... от любви, какая сейчас живет в моем сердце, умереть надо, синьор!

Она поклонилась Леппукову и быстро побежала к выходу Дмитрий Владимирович следовал за нею в отдалении.

"Любовь сильна как смерть... — звучал в его памяти старый стих царя Соломона. — В конце концов, дерево этот Ларцев!"

Кистяков и Леман тем временем шли уже по Piazza Garibaldi[45]. На углу площади с улицей того же имени стоял фиакр, нагруженный вещами. Когда художники поравнялись с фиакром, сидевший в нем господин — весьма изящный джентльмен, средних лет, в щегольской, с иголочки, серой паре,— встал и подошел к ним, держа шляпу на отлете над лысоватой головой.

— Виноват, господа,— заговорил он,— что я позволяю себе вас беспокоить, но я имел удовольствие сейчас на вокзале слышать, как вы говорили по-русски. Я только что приехал в город, и потому не откажите соотечественнику в маленьком указании.

"Черт знает как вежливо и солидно изъясняется этот компатриот!" — подумал Кистяков.

— Не известна ли вам в среде местной русской колонии г-жа Рехтберг?

Художники переглянулись.

— Маргарита Николаевна Рехтберг,— с тою же учтивостью выжидательно повторил незнакомец.

— Как же не знать! Мы живем даже в одном с нею отеле!

— Смею просить вас — указать мне точный адрес?

— Зачем? Пойдемте с нами, мы домой идем... А вы, fiacrajo[46], везите за нами вещи господина!

— Вы знакомый или родственник Маргариты Николаевны? — спрашивал Кистяков уже на ходу.

Незнакомец любезно улыбнулся:

— Я ее муж.

Кистяков и Леман оба остановились и даже рты слегка разинули.

— Вот оно как! Что же вы, батюшка, нам себя сразу не объявили? Позвольте представиться — художник Кистяков, а это вот Леман, тоже художник... Вашей супруги поклонники и даже, смеем сказать, приятели.

Господин Рехтберг пожал руки друзьям и обоим в отдельности назвал себя, с самой обязательной улыбкой:

---

[45] Площадь Гарибальди (ит.).
[46] Извозчик (ит.).

– Вильгельм Александрович Рехтберг.

– Жаль, что вы нас на вокзале не опознали. Сразу бы перезнакомились со всем нашим монастырем. Мы провожали Ларцева в Рим.

– Это – какого? Известного Ларцева? – переспросил г. Рехтберг, с вежливым ударением на слове "известного".

– Да, художника. Знаете автора "Мессалины"? На Римском конкурсе медаль получил.

Господин Рехтберг, с миною уважения, склонил голову слегка набок; очевидно, он был не чужд искусствам.

– К глубочайшему сожалению, мне еще не случалось видеть его картин, но, по газетной молве, я пылкий поклонник г. Ларцева уже как патриот, обязанный бесконечною признательностью гениальному художнику, столь прославляющему нашу общую мать-Россию прекрасными своими произведениями, что имя его занесли даже в маленький энциклопедический словарь германца Мейера. Мои служебные занятия не позволяют удовлетворять эстетическим потребностям в той мере, как я мечтал бы. Но одна из моих слабостей– следить за успехами русского...

Кистяков подсказал ему, замявшемуся:

– Творчества.

Но Рехтберг не принял слова и сказал:

– Искусства. Моя маленькая картинная галерея, конечно, весьма небогата, но я пополняю ее недостатки, собирая иллюстрированные каталоги всех значительных выставок в Европе.

– Что ж? Похвально!– одобрил несколько озадаченный Кистяков, между тем как Лемана скрутило задавленным смехом.

А господин Рехтберг самодовольно пояснил:

– Без искусства, знаете, душа сохнет. И с тех пор как я имею честь состоять на государственной службе, я поставил себе за правило ежедневно посвящать полчаса обозрению какого-либо из этих иллюстрированных каталогов.

– Что ты, Леман, оглядываешься? – продолжал Кистяков. – Шагай, брат! Теперь все равно Лештуков уже не догонит.

– Вы произнесли фамилию "Лештуков"?..

– Да, видели на вокзале – с нами стоял господин, брюнет, такая курчавая голова?

– Я их за итальянца почел. Это – какой же Лештуков? Известный Дмитрий Владимирович Лештуков? – продолжал спрашивать Рехтберг, все с тем же уважительным выражением на лице и с тем же ударением на "известный".

– Ну да, писатель.

Лицо господина Рехтберга, как термометр, показало меру уважения еще несколькими градусами выше. Очевидно, он и в литературе был сведущ.

– Вот вы сейчас за завтраком познакомитесь.

– Буду очень счастлив сделать такое приятное и лестное знакомство,– с расстановкой протянул господин Рехтберг.

Леман, шедший несколько сзади, не утерпел, чтобы опять не фыркнуть при этих словах.

Кистяков бросил на него искоса яростный взгляд, но улыбка, против воли, скользнула и по его лицу: обоим друзьям пришла в голову забавная мысль,– какую-то физиономию скорчит, неожиданно делая это приятное и лестное знакомство, жертва его – Дмитрий Владимирович Лештуков.

Слышал ли господин Рехтберг фырканье Немана, видел ли улыбку Кистякова и, если слышал и видел, обратил ли на них внимание,– оставалось догадываться. На челе его широком не отразилось ничего; он невозмутимо продолжал выступать по тротуару, все с тою же солидной грацией и отменною учтивостью манер.

XII

Вильгельм Александрович жил в отеле уже больше недели, заняв одну из трех комнат, принадлежавших его жене. Его внезапное появление в Виареджио было для Маргариты Николаевны и Лештукова ударом грома из ясного неба. В день отъезда Ларцева и приезда господина Рехтберга Лештуков с вокзала, вместо того чтобы догонять Кистякова и Лемана, зашел от жары в кафе съесть какое-нибудь gelato или granita[47]; под руку ему попались французские газеты, и он, просидев за мороженым добрый час, опоздал к завтраку. Когда он пришел в отель, господин Рехтберг спал, отдыхая с дороги, а Маргарита Николаевна – с желтым лицом и с выражением почти животного страха в глазах,– сидела на ступеньках лестницы, сторожа возвращение Лештукова.

Лештуков ахнул, глядя на нее.

– Что с вами? Вы больны?

– Тсс, тише! Нет, я здорова... но... вы знаете, какая новость? Просто уж и не знаю, как вам сказать... представьте: мой муж приехал!

Лештуков ничего не понял.

---

[47] Мороженое... мороженое в стаканчике (ит.).

68

– Что такое? Как муж? Какой муж? Откуда?

– Я сама едва верю... получил отпуск на двадцать восемь дней, вздумал сделать заграничное турне и свалился как снег на голову... Правду говорит, или дошли до него какие-нибудь сплетни,– не разберу. Очень ласков, колье привез мне в подарок... да это у него ничего не значит! Он и мышьяком с любезнейшей улыбкой окормит: такое уж воспитание. Слава Богу, меня хватило на то, чтобы прилично встретить его, сыграть счастливую супругу, приятно изумленную сюрпризом. Ради Бога, вы-то подберитесь! Не выдайте себя и меня!

– Но позвольте!..

В полном недоумения голосе Лештукова задрожала гневная нота.

– Вот! вот!– заторопилась Маргарита Николаевна, и щеки ее еще больше выцвели,– вы уже начинаете шуметь и протестовать. Я вас прошу, я вас умоляю, я приказываю вам, наконец,– чтобы не было даже намека на трагедии, которые вы так любите!.. Он у меня не дурак и во всяких тонах и оттенках разбирается не хуже нас с вами... И помните: я вас сейчас страшно люблю, больше чем когда-нибудь, потому что... должно быть... вас у меня отнимают... Но если вы будете вести себя как мой любовник и вызовете скандал, я вас возненавижу!

Она взглянула в лицо Лештукова, и так как он ничего не отвечал ей, а лишь усиленно вытирал платком пот, крупными каплями выступавший у него на лбу, подозрительно оглянулась и схватила Дмитрия Владимировича за руку.

– Ну, милый мой, хороший мой, обещай мне, что ты будешь умницей!.. Пересаливать, впрочем, тоже не следует. Вы будете держаться со мною, как всегда при всех держались – хорошим другом, в рыцарском уважении которого я так уверена, что позволяю вам даже некоторую фамильярность... Это ничего... у меня в жизни всегда был какой-нибудь друг на такой ноге: он к этому привык...

Лештукова передернуло,– он хотел засмеяться, но горло его издало лишь какой-то скрип...

Маргарита Николаевна смотрела на него скорее с враждебным испугом, чем с сочувствием: в боязни за себя ей не хватало сожаления для других; она пытливо вглядывалась в Лештукова, словно измеряя – достанет ли его на нравственную пытку, какую она ему предлагала.

– Он так привык?– с дикою насмешкою прохрипел Дмитрий Владимирович,– привык к состоящим при вас друзьям?.. Ну, что ж? Так и будем делать, как привык ваш супруг!..

Легкомысленная женщина только теперь поняла, какую страшную пощечину дала она своему любовнику неосторожною фразою о друзьях.

69

Слово вылетело, и вернуть его было нельзя. Она хотела поправиться, объясниться... Но наверху раздался легкий сухой кашель; при звуках его все остальное вылетело из памяти Маргариты Николаевны.

– Это он проснулся, мне надо идти,– скороговоркой зашептала она,– а вы ступайте или к себе, или погуляйте где-нибудь... потом встретитесь... Помните, о чем я вас просила!..

Она убежала наверх, а Лештуков сел в столовой, не отдавая себе ясного отчета,– что он: в своем уме или нет? Мысли в голове крутились знойным вихрем,– даже больно было... Леман тоже вышел в столовую из своей комнаты. Он заговорил с Лештуковым,– и, отвечая ему, Дмитрий Владимирович сам удивлялся, что голос его звучит естественно и спокойно, как будто ничего особенного не произошло... Леман пригласил его купаться. Море, на счастье Лештукова, было холоднее обыкновенного; бодрящая свежесть соленой влаги, колючие волны и острые обжоги тела, pulci di mare[48], помогли Дмитрию Владимировичу несколько уравновесить свои мысли. На возвратном пути приятели зашли в альберго, и Лештуков выпил вдвоем с Леманом фиаску старого chianti. От этого у него покраснели глаза и раздулись виски, но зато он чувствовал себя в состоянии выдержать какой угодно разговор и сыграть какую угодно роль.

При встрече с Вильгельмом Александровичем Лештуков превзошел ожидания Маргариты Николаевны. Он подошел к Рехтбергу с таким открытым лицом и ясным взглядом, так радушно протянул ему руку, заговорил таким симпатичным и дружеским голосом, с участием расспрашивая приезжего о подробностях его путешествия, что господин Рехтберг даже счел возможным выйти из обычной своей накрахмаленности и, в первый раз по своем приезде,– не исключая даже встречи с женою,– говорил тоном более или менее естественным.

Рехтберга повели на прогулку – показывать ему прелести Виареджио.

Лештуков отказался сопровождать компанию, под предлогом, будто на него нашел рабочий стих.

Все общество было уже на улице, но Маргарита Николаевна нарочно медлила, чтобы иметь возможность сказать несколько слов Лештукову,– она была в восторге от него, чувствуя к нему благодарное уважение, точно учительница, превзойденная учеником по первому же дебюту.

Лештуков лежал на качалке с закрытыми глазами и неподвижным, точно каменным, лицом.

Она подошла к нему и быстро заговорила, все время глядя искоса назад через плечо, готовая, при первом шорохе в дверях, очутиться в другом конце комнаты.

---

[48] Букв.: блохи моря (ит.); темно-коричневые.

– Вы умница, вы чудный человек, и вот видите: вести себя прилично вовсе не так трудно...

Она осеклась на половине фразы, потому что Лештуков открыл глаза – и перед Маргаритой Николаевной явилось новое, совсем незнакомое ей лицо – живая маска Медузы, с свинцовыми бликами на щеках, с дрожью бешеной ненависти в каждом мускуле под бурою кожей.

– Если только я не задушу его среди разговора...

Маргарита Николаевна хотела говорить, но Лештуков – в первый раз за все время их отношений – повелительно махнул рукой, чтобы его оставили в покое, и, закрыв глаза, опять повалился на спинку качалки. Маргарита Николаевна вышла; дело, видимо, обстояло не так просто, как она, по легкомысленной страсти воображать все как можно более к лучшему для себя, успела было поверить; ей было не стыдно сознаться наедине с самой собою, что она струсила...

Господин Рехтберг в богеме отеля пришелся очень не ко двору, хотя старания попасть в общий тон было у него много. Это был прекрасно воспитанный господин – именно господин: просто человеком его как-то никто и никогда не называл; он понимал, что в чужой монастырь со своим уставом не ходят и, живя с волками, надо по-волчьи выть. Но вот по-волчьи выть-то ему и не удавалось, при всем его добром желании. Никак он не мог приспособиться. Он говорил отменно ловко, и умно, и весьма красноречиво, но всегда случалось, что стоило ему раскрыть рот, и все лица вытягивались, откровенно подернутые печатью почтительно-вежливой скуки.

– Загудела волынка!– бормотал сквозь зубы Кистяков,– а ты учись,– подталкивал он в бок Лемана,– это, брат, он неспроста, а прямо-таки по "прикладу, како пишутся купლименты"!..

Жители отеля вряд ли тоже нравились господину Рехтбергу; он был слишком выдержан в привычках просвещенного филистерства, чтобы ему были по душе их размашистая речь, дерзость мнений, фамильярность манер, бесцеремонная болтовня с дружескими грубостями и ласкательными именами, какими без стеснения обменивались мужчины и женщины крепко сдружившейся компании. Лештукову, впрочем, Вильгельм Александрович оказывал особое внимание и разговаривал с ним не только почтительно, но как бы с оттенком некоторого благоговения: Лештуков был известностью, а любопытство Вильгельма Александровича к известностям скоро прославилось в богеме до смешного: едва в столовой раздавалось роковое слово "известный", все общество принималось смотреть на потолок, на стены, в тарелку, заботясь об одном – как бы не встретиться друг с другом взглядами и не расхохотаться. Очень уж курьезно выходило у господина Рехтберга это "известный".

– Это ваша картина? – спрашивал он Кистякова о старинной Венере, висевшей в комнате художника.

Леман фыркал. Кистяков, серьезный малый, чуть с искоркой смеха в глазах, спокойно отвечал:

– Эта? Нет, это Джулио Романо. Копия.

– Известного Джулио Романо?

– Самого известного!

Леман фыркал, а Вильгельм Александрович расплывался от удовольствия.

– О нем я имею полстолбца в моем маленьком Мейере.

Он не расставался с маленьким Энциклопедическим словарем Мейера. Это был его оракул. Удостоиться заживо попасть в "маленького Мейера" казалось ему высшею честью, какой человек может удостоиться на земле, и, встречая такого избранника, он взирал на счастливца увлаженными от умиления глазами. Две строчки о Лештукове в "маленьком Мейере", которые сам Леипуков ненавидел и почитал для себя оскорбительными, ибо гласили они о нем буквально только: "Leschtukow Dimitri Wladimirowitch, russischer Dichter, geb. 1854 in Orel"[49] – делали его, в глазах Вильгельма Александровича, почти богоравным.

– Мои служебные занятия, глубокоуважаемый Дмитрий Владимирович,– журчал Рехтберг, обая литератора,– не позволяют мне удовлетворять эстетическим потребностям духа в той мере, как я желал бы. Но следить за успехами русской мысли, русского творчества – моя слабость... Одна из немногих слабостей.

– О, не сомневаюсь, что из немногих!– восклицал Леш-туков.

– С тех пор как я имею честь состоять на государственной службе, я поставил себе за правило прекрасную русскую пословицу: делу время, потехе час. И потому ежедневно, после обеда, отдыхая в своем кабинете, я посвящаю полчаса чтению изящных произведений родной литературы.

– Целые полчаса? – радовался Лештуков, между тем как Леман визжал от восторга.

– От восьми с половиною до девяти.

– Ни минуты больше?

– Аккуратность – мой принцип. Ровно в восемь с половиною я раскрываю книгу, ровно в девять закрываю. По бою часов.

– И часы, конечно, выверены по пушке? – подбрасывал дровец в огонь Кистяков, а Амалия недоумевала:

---

[49] "Лештуков Дмитрий Владимирович, русский писатель, род. 1854 в Орле" (нем.).

– Ну, а если часы бьют, а вы не дочитали интересного места?

Рехтберг отвечал с непреклонною твердостью:

– Хотя бы на переносе слова со страницы на страницу.

– Здорово!– вопил упоенный Леман, а Кистяков невозмутимо резюмировал:

– Так что вы читаете, скажем, во вторник: "Я вас люб", а "лю" дочитываете уже в среду?

Рехтберг только чуть пожимал плечами:

– Что ж делать? Принцип прежде всего.

– Позвольте пожать вашу принципиальную руку! Немки, слегка кокетничая, допрашивали:

– Вы и здесь будете такой же аккуратный? Оказалось: нет. Генерал явил себя даже игривым.

– О, mesdames, сейчас надо мною не тяготеет бремя служебных обязанностей. Я резвлюсь, как мальчик, хе-хе-хе!– я резвлюсь. Мое намерение воспользоваться своим отпуском как можно веселее.

К человечеству, не отличенному ореолом известности, Вильгельм Александрович относился чрезвычайно свысока и, беседуя с Леманом или Кистяковым, умел держать себя так, что в недостатке вежливости и даже любезности упрекнуть его никак нельзя было, а в то же время в каждом слове, жесте, тоне чувствовалось, что это – Юпитер удостаивает, с вершины Олимпа, забавляться разговором с обыкновенными смертными и чрезвычайно удивлен, находя в них кое-какие признаки разумных тварей. Франческо злополучного господин Рехтберг совершенно не признавал и, кажется, искренно считал этого чудаковатого парня, на счет которого почти что существовала вся колония,– кроме Маргариты Николаевны и Лештукова, конечно,– чем-то вроде шарманщика или фокусника, проживающего при русских, забавы ради для них и кормов ради для себя. Но однажды Франческо явился к завтраку особенно величественный и великолепный. Обвел всех торжественным взором, ткнул себя перстом в галстух и пророкотал отдаленному грому подобно:

– Скриттурато[50]

– Что-о-о? – взвыл Леман, даже из-за стола выскочив.

Девицы завизжали:

– Франческочка, неужели?

– Франческочка, быть не может.

– Франческочка, миленький, куда, куда, куда?

А Франческо басил:

---

[50] Ангажемент (ит.)..

– В Лодию скриттурато. Вот и телеграмма.

– Такого и города нет,– заявил скептический Леман.

Франческо только покосился на него с презрением.

– Скажите? Как же это нет, ежели адженция содрала с меня тысячу франков за скрипуру, да еще агент выпросил перстень на память?

– Дорогой? – спросил Кистяков.

– С кошачьим глазом.

По телеграмме оказывалось, что Франческо, в самом деле, получил ангажемент на карнавал в город Лоди изображать в "Лукреции Борджиа" дуку ди Феррара.

– Ай да Франческо! Ай да потомственный почетный гражданин!– вопил Леман. – Слитки с тебя. Шампанского ставь, дука ди Феррара!

А лукавый Кистяков говорил, подмигивая:

– Вот Вильгельм Александрович интересовался намедни, известный ты или неизвестный. Теперь, пожалуй, и впрямь в известности выскочишь.

Франческо самодовольно ухмылялся и как труба трубил:

– Вьени ля миа вендеетта[51],– начальную фразу будущей своей дебютной арии.

Рехтберг сразу переменил свое о нем мнение и свое к нему отношение. До того, что поднялся с места и, обдавая певца любезнейшею из улыбок, произнес к нему даже нечто вроде спича:

– Позвольте, уважаемый Федор Федорович...

Но Франческо Федора Федоровича и генералу не спустил:

– Франческо-с!– внушительно поправил он, перстом потрясая. – Ежели желаете доставить мне удовольствие, Франческо д'Арбуццо. Федор Федоровичем, батюшка, всякая скотина может быть, а Франческо д'Арбуццо – один я.

– Позвольте, уважаемый, принести вам мое искреннейшее поздравление с первым успехом вашей карьеры, которою, мы надеемся и не смеем сомневаться, вы, подобно другим присутствующим здесь блестящим представителям русского таланта, прославите и поддержите репутацию русского гения под вечно ясным небом, расстилающимся над родиною искусств.

Молодежь покрыла спич господина Рехтберга рукоплесканиями.

Франческо выслушал снисходительно и заявил:

– Это наплевать.

– Виноват? я не расслышал... – несколько попятился Вильгельм Александрович.

---

[51] Ты идешь, месть моя (ит.).

А тот успокоительно похлопал его по плечу.

– Наплевать, говорю. Это все можно. Потому что силу в грудях имею... Вьени ла миа вендеетта, иммедитата про-о-о-онта[52]...

Лештуков в общем разговоре больше молчал, отделываясь односложными ответами... Лицо у него застыло в фальшивом выражении безразличия и равнодушия, и эта неприятная личина не покидала его даже при встречах с Маргаритой Николаевной с глазу на глаз – очень редких встречах, потому что господин Рехтберг имел супружеский талант быть всегда не слишком далеко и не слишком близко от своей жены. С Рехтбергом Лештуков был предупредительно вежлив. Маргариту Николаевну почему-то эта так желанная ей вежливость била теперь, как хлыстом. Наблюдая приятельские собеседования мужа и любовника, она всегда сидела как на иголках.

"Право, кажется, в такие минуты я их обоих ненавижу!" – почти с дрожью думала злополучная дама. Ее противоречивая натура в минуты неприятностей исполнялась негодованием против всех и каждого, к этим неприятностям прикосновенных, кроме самой себя. Особенно не выносила она, когда муж принимался разливать потоки покровительственно-дилетантского красноречия на темы литературы или искусства,– он считал себя знатоком по этой части. Разгорался спор между ним и Кистяковым – малым, искусству энтузиастически преданным и хорошо свое дело знающим. Лештуков умел фатально наводить Вильгельма Александровича на такие споры; сам же в разговор не мешался, а, потягивая вино, только слушал с видом глубокого внимания, которое льстило господину Рехтбергу и выводило из терпения его жену. Она слышала, что ее далеко не глупый муж говорит глупости, и догадывалась, что Лештуков нарочно втравливает его в споры с Кистяковым, чтобы потешить себя зрелищем, как Вильгельм Александрович – по выражению Кистякова – будет танцевать медведя – на глазах своей жены,– нарочно, чтобы сорвать хоть на пустяках свою скрытую ненависть к нему.

"Какое мальчишество!" – думала она, но встречаться в такие минуты со взглядом Лештукова опасалась.

Когда случай впервые позволил остаться им вдвоем, она бросилась Лештукову на шею с подчеркнутой аффектацией, стараясь вознаградить его за утраченные ласки.

– Бедный мой! Тебе тяжело?.. – бормотала она, гладя его по голове.

Лештуков не отклонялся от ее нежностей, но сам не целовал и не обнял ее.

---

[52] Ты идешь, месть моя, необдуманная и скорая. (ит.).

– Я бы желал знать, скоро ли и как это кончится? – сказал он в ответ ровным и холодным тоном.

Маргарита Николаевна была оскорблена. Она с трудом урвала минутку, чтобы за спиною мужа подарить хоть луч счастья обездоленному любовнику,– и вдруг ее геройское самопожертвование встречает такой холодный прием!

– Я ничего не знаю,– обиженно сказала она.

– Тем хуже,– возразил Лештуков.

При следующем свидании дулась уже Маргарита Николаевна.

– Вы желали знать, скоро ли и как кончится наше общее тяжелое положение... Вильгельм Александрович намекнул мне вчера, что у него не удалась какая-то афера на бирже, и нам придется сократить расходы.

– Что же из этого следует?

– Я, вероятно, должна буду вместе с ним уехать в Петербург.

– Вот как... – протянул Лештуков и ничего больше не прибавил.

Маргарита Николаевна предпочла бы этому отупелому равнодушию какую угодно сцену. Сцены очищают воздух и просветляют горизонт, после них становится яснее, как быть и что делать, теперь же Маргарита Николаевна чувствовала себя точно под грозовою тучей, тяжелой, молчаливой, удушливой и опасной. В исходе второй недели по своем приезде в Виареджио Вильгельм Александрович за одним завтраком объявил, что через два дня он и Маргарита Николаевна "будут иметь несчастье расстаться с прелестным обществом, так обязательно посланным ему снисходительною судьбою в очаровательном уголке благословенной Авзонии". Раздались ахи, сожаления, просьбы остаться.

– Вильгельм Александрович! Это жестоко! Вы одним ударом разрушили всю нашу колонию.

– Прямо можно сказать: вынимаете главную сваю!– визжал Леман.

– Теперь все так и рассыплемся!– поддакивал Кистяков.

– Это просто бегство! Вы просто бежите от нас, Вильгельм Александрович!

Рехтберг с любезною улыбкою склонялся по очереди в сторону всех воплей.

– Господа, обстоятельства сильнее нас. Господа, вы в заблуждении... Напротив, мне чрезвычайно лестно...

– Ну что там лестного!– брякнул Кистяков. – Оно – конечно: как вам не заскучать? Какая мы вам компания? Вы человек солидный, а мы народ вольный. Серьезную марку выдерживать – не могем.

– Сознайтесь, Вильгельм Александрович,– вступилась Берта Рехтзаммер. – Я думаю, вам цыганщина наша страсть осточертела?

– Как вы изволили? – озадачился Рехтберг.

– Осточертела. Это от ста чертей.

– Для статистики, знаете,– пояснил Леман. – Когда человеку так скучно, что он чертей до ста считает.

Но Рехтберг сознаться не согласился.

– Вы все, все в заблуждении,– с отменной грацией защищался он. – Совсем нет. Цыганщина, богема... можно ли быть так черству духом, чтобы не любить богемы? Это прелестно, это поэтично. Я обожаю богему.

– Да!– возражал Кистяков. – Это вы из деликатности говорите, а человеку аккуратному с нами, в самом деле,– смерть. По многим немцам знаю.

Маргарита Николаевна засмеялась язвительно и почти злобно:

– Вильгельм, кланяйся и благодари: ты уже в немцы попал.

Рехтберг поморщился и с некоторым неудовольствием заметил художнику, даже чуть-чуть покраснев:

– Monsieur Кистяков! я должен исправить вашу ошибку. Я не немец, хотя иные по фамилии и принимают меня за немца.

– Извините, пожалуйста,– смутился художник.– А впрочем, что же? Обидного тут ничего нет.

– Впрочем,– благосклонно успокоился Вильгельм Александрович,– германская рыцарская кровь действительно текла в предках моих, баронах фон Рехтберг, герб и имя которых я имею честь представлять.

– А что у вас в гербе? – полюбопытствовал Леман.

Рехтберг с важною готовностью немедленно и подробно удовлетворил его любопытство:

– Два козла поддерживают щит, на коем в нижнем голубом поле плавает серебряная семга, а с верхнего красного простерта к ней благодеющая рука.

– Занятная штука!– восхитился Леман. – Хотите, я вам это в альбом нарисую?

– Чрезвычайно буду вам обязан. Признаюсь: маленькая гордость своим происхождением – одна из моих немногих слабостей.

– Ну, оно с богемой плохо вяжется!

Лештуков молчал, но сидел белый, как скатерть, которую он, вне всех своих привычек, машинально пилил ножом. Завтрак кончился... стали собираться к морю; Лештуков исчез. Маргарита Николаевна еще кончала туалет перед зеркалом в своей уборной, по обыкновению заставляя ждать себя остальное общество, когда стекло отразило крупную фигуру Дмитрия Владимировича. Она обернулась к нему со взглядом беспокойной укоризны.

– Ты сумасшедший, Дмитрий! Разве ловко входить ко мне, когда я одеваюсь?

– Вы едете? – перебил он.

– Ну да... ты слышал... я тебя предупреждала.

– Ах, что твои предупреждения?..

Он молчал, смачивая языком пересыхающие губы.

– Ты, конечно, понимаешь, что нам необходимо много переговорить с тобою?

Маргарита Николаевна пожала плечами.

– Где же и когда? Ты видишь: мы двадцать четыре часа в сутки на чужих глазах.

– Сегодня ночью после ужина ты будешь у меня.

Она взглянула на него, как на безумного.

– Право, Дмитрий... – с расстановкой начала было она.

– Ты будешь!– уже возвысил голос Лештуков.

– Ты, кажется, кричать на меня собираешься? – вспыхнула молодая женщина,– как это красиво!

– Ты будешь!– в третий раз сказал Лештуков.

– Ах, оставь! Глупо... Знаешь сам, что требуешь невозможного!

Лештуков близко придвинулся к ней.

– Я повторяю тебе, что должен говорить с тобою!.. Это свидание мне необходимо... Надо сделать невозможное,– сделай... я прошу, умоляю, требую!.. Что же? Ты хочешь заставить меня грозить?.. Я сделал для тебя все, чего ты желала... Если бы ты знала, каково мне, ты поняла бы... Но всякую струну можно натягивать только до известных пределов... И если ты бросаешь меня одного в этих сумерках любви,– если ты не поможешь мне разобраться, что я и что ты,– я... одно тебе скажу: вот уже третий день, как не я сам владею собой, своей разумной и здоровой волей, но лишь какая-то внешняя сила сдерживает меня, помогает мне улыбаться, лукавить и говорить вежливые речи, тогда как мне хочется проклинать и убивать... я не ручаюсь за себя!.. Глаза у него были, как у помешанного. Говоря свои быстрые слова, он сам не замечал, как взял Маргариту Николаевну за плечо.

– Дмитрий! Оставь! Мне больно!– вскрикнула она, страшно перепуганная...

Больно не было, но...

"Вдруг у меня на плече будет синяк, и... как я его объясню Вильгельму?" – успело мелькнуть в ее сообразительной головке.

Лештуков опустил руку...

– Ну... устроюсь как-нибудь, приду!– не скрывая досады, сказала Маргарита Николаевна...

Пережитая минута страха не помешала ей, однако, когда она догнала ушедшее далеко вперед общество, казаться в самом хорошем настроении духа. Она одаряла всех обычными ласковыми взглядами и улыбалась и людям, и природе всеми ямочками своего розового лица.

XIII

К вечеру море разгулялось, и так как дул юго-западный ветер, так называемый либано, надо было ожидать, что волнение продержится долго. Хозяин купальни, рыжеусый Черри, закрывая торговлю, посмотрел из-под руки на сизые облака, которые при закате солнца ползли курчавым стадом из-за горизонта, где свинцовое море сливалось с свинцовым небом, выругался и приказал Альберто вытащить все лодки на берег, как можно дальше за обычные пределы прибоя.

– А завтра, должно быть, с утра придется поднять красное знамя.

Когда купальни поднимают красный флаг, вход в море воспрещается. Альберто возился с лодками до поздней ночи. С тех пор как Джулия дней семь или восемь тому назад совсем неожиданно нарушила контракт с Черри и тайно уехала невесть куда – он находил огромное удовольствие изможздать себя работою: усталость отбивала от него мрачные мысли. К ночи он шатался от утомления как пьяный; зато мог спать, и кошмар не душил его, не дразнил и не пугал то соблазнительными, то страшными призраками. А с того времени как у него заварилась каша с Ларцевым, они каждую ночь неотступно летали над головою бедного малого!..

Город спал. В кабинете у Лештукова робко мерцала одинокая свеча. Теплая, удушливая ночь, полная знойного ветра и морского грохота, лезла с балкона на этот робкий огонек. Лештуков чувствовал себя не лучше, чем рыба на песке, тщетно стараясь выпросить у порывов либано хоть несколько глотков свежего воздуха: море, отравленное дыханием песков далекой африканской пустыни, обдавало Виареджио неприятною, горячею влажностью банного полка.

Маргарита Николаевна пришла к Лештукову уже за полночь; в своем ночном пеньюаре она походила на привидение; на бледном лице ее застыло выражение злой скуки...

– Ты видишь, я исполнила твое желание, хотя мне было трудно. Только предупреждаю тебя: я долго оставаться не могу,– я очень рискую... Ты заставил меня сделать большую подлость: ты знаешь, что я принимаю сульфональ... Вильгельм всегда пьет на ночь сельтерскую воду, и я ему дала тройную дозу этой мерзости – сульфоналя: он ведь безвкусный. Конечно, это вещь безвредная, но... когда я делала это, мне казалось, что я делала шаг к преступлению... Сейчас Вильгельм спит, как... очень крепко спит.

– Ты хотела сказать, "как убитый"? – криво усмехнулся Лештуков,– но не решилась.

– Да, неприетное сравнение... Особенно при таких условиях...

Лештуков медленно прошелся по комнате и остановился за креслом Маргариты Николаевны.

– Я уже два раза хотел убить его,– сказал он.

Маргарита Николаевна закрыла глаза рукою.

– Какой ужас!

– Да... хотел.

– Я верю тебе, потому что... чувствовала я, что ты все эти дни именно о... чем-то таком думаешь...

– Но я не могу. Нет!– говорил Лештуков, продолжая ходить. – Не знаю, хорошо это или дурно, но у меня рука не поднимается на преступление – ни на тайное, ни на явное... Я много думал, от мыслей у меня голова стала – вот какая!

Он широко развел руки от своих висков.

– Не могу!.. Между тем разве я не ограблен этим человеком? По его милости моя душа должна пойти нищею по свету! И, главное,– ограбил он меня, как собака на сене. Взял, что ему самому не принадлежит. За это стоит убить!.. А я не могу.

Маргарита Николаевна встала и, близко подойдя к Лештукову, положила руки на его плечи.

– Я счастлива, что ты так говоришь,– серьезно сказала она. – Но мне больно даже и то, что ты мог думать о таком деле... Ты и убийство – разве это совместимо?

– Отчего нет? Отчего нет? – спешною скороговоркою повторил Лештуков, бросаясь в кресло. – У меня берут мое счастье, я должен защищаться...

– Милый мой, да ведь счастье-то наше было краденое!

– Неправда!– гневно вскрикнул Лештуков,– тебе известно; зачем ты притворяешься, что нет? Тебе отлично известно: краденого счастья я не хотел. Сходясь с тобою, я звал тебя остаться со мною навсегда; я хотел быть твоим мужем, отвечать за тебя перед светом, как за жену. Да. Ты знала, как я смотрю на это дело! Если ты сознавала, что не можешь пойти по прямой дороге, что ты не можешь дать мне иного счастья, кроме краденого, кроме чувственной игры в любовь – заугольной потемочной игры, постыдной для взрослого человека, продиктованной трусливою похотью к чужому и запретному плоду... Если ты знала все это,– как решилась ты остаться на моей дороге?.. Как могла ты, как смела ты пойти на риск – принять мою любовь?

– Кажется, ты уже не Вильгельма Александровича, а меня хочешь убить,– с холодною насмешкою возразила Рехтберг.

– Это было бы не особенно глупо и несправедливо,– проворчал Лештуков. – Убить тебя – бесполезно для меня, но, может быть, спасло бы кого-нибудь другого в будущем...

– Не смей говорить мне о смерти!– вскрикнула Маргарита Николаевна. – Я ее боюсь... Я не хочу думать, что я когда-нибудь умру... Я ненавижу тех, кто говорит мне об этом.

– Ты боишься смерти и вечно с нею играешь. Потому что, клянусь тебе: я в самом деле колеблюсь, что лучше сделать – отдать тебя твоему... собственнику,– с грозной ненавистью в голосе выговорил Лештуков это слово,– или же убить тебя вот на этом месте и самому умереть вместе с тобою!..

– Те, кого на словах убивают, два века живут,– насильственно улыбнулась Маргарита Николаевна.

– Молчи!– яростно крикнул Дмитрий Владимирович, сжимая кулаки и чувствуя, что волосы на его голове шевелятся. – Не смей шутить! Не время. Не дразни дьявола, в борьбе с которым я изнемогаю! Лучше помоги мне справиться с ним, чтобы не каяться потом ни тебе, ни мне.

Маргарита Николаевна беспокойно шевельнулась в кресле.

– Ты невозможен,– с робкою досадой отозвалась она. – Кричишь так, что весь дом разбудишь... Чего ты хочешь от меня? Разве я тебя не люблю? Ты не смеешь этого сказать... Да! Не смеешь! До сих пор никто не мог похвалиться мною, как можешь похвалиться ты. Пусть будет по-твоему: я труслива, я мелка, я не могу отвечать на твое чувство в той мере и в том виде, как ты мне его предлагаешь. Но, как я могу и умею, я тебя люблю и – верь или не верь, это твое дело – буду тебя любить очень долго. Что я говорю правду, доказательство даже вот этот наш разговор, далеко за полночь, у тебя в кабинете, в то время как за две комнаты спит мой муж, мой судья и – стоит ему проснуться – мой палач. Я не скрываю,– я его смертельно боюсь и... И, кроме того,– сердись на меня или не сердись,– не хотела бы оскорбить его скандалом такой откровенной неверности.

– Следовало бы тебе приискать доказательство получше,– презрительно заметил Лештуков. – Чтобы получить это свидание, мне тоже пришлось грозить чуть не скандалом.

– Что ж? Я опять не скрываюсь: я не героиня. Я боюсь публичности...

Ты человек гордый, независимый. Ты привык жить, как тебе хочется, ты – сам свой суд. Уважают ли тебя в обществе, нет ли, смеются ли над тобою, бранят ли тебя,– тебе безразлично. Ты в этом отношении – юродивый, право. Ты удовлетворяешь своим желаниям, и затем тебе дела нет ни до кого и ни до чего...

– Кого же мне бояться, чего же мне стесняться? Если я дошел до возможности делать мерзкие поступки вроде того, как, по недоразумению, заставили меня сделать эти отношения с тобою,– стало быть, я уже не стыжусь и не боюсь самого себя. Или – сознательно же иду во имя страсти на стыд и страх пред собою. Да, у меня есть искра в сердце, которой я боюсь больше, чем всякого суда на свете. Когда эта искра недовольна мною, пускай хоть все общество аплодирует мне: я все-таки буду мучиться, как освистанный актер. И наоборот, если я сознаю себя правым, швыряй в меня камнями кто хочет,– это не дойдет по моему адресу!

– Вот видишь! А я сама себя нисколько не боюсь; людей же – ужасно. Я тебе говорила, что, если бы открыто сошлась с тобою, то своим фальшивым положением измучила бы самое себя и тебя. Жаль,– нельзя испробовать! Это было бы лучшим средством от твоей болезни мною...

– Болезни?

– Да. Ты любишь меня неестественно, ты слишком полон чувством ко мне,– я не могу верить в нормальность такой страсти. Ты сошел по мне с ума, как другие бывают помешаны на том, что он Римский Папа, на свадьбе с китайской императрицей... Я твоя мания, твоя болезнь... И это очень утешительно. От болезней вылечиваются; от любви – никогда.

– Это недурно сказано,– с насмешливым удивлением возразил Лештуков. – Ты очень умна.

– Дурой меня еще никто не считал, хотя я веду себя порою, как дура. Посуди сам: если бы не маленькое сумасшествие, не болезнь – мог ли ты полюбить меня? Я не подхожу ни под одно твое требование от женщины, как характер. Взгляды на общество у нас разные. Требования от жизни – тоже. Почти во всем, что ты считаешь серьезным, я вижу лишь занимательную и красивую шутку. Ты говоришь: если я оставлю мужа, если буду жить с тобою как жена,– это будет поступок честный. Ты прав,– я отдаю тебе должное. Однако уже одна возможность огласки представляется мне таким огромным позором, таким гадким и низким страхом, что, право, мне и не пережить его. Я зачахну, захирею под ним...

– А тебе не страшно, что я могу дойти до презрения к тебе?.. Мнение нескольких ханжей и десятка кумушек тебе дороже моего?

– Представь: дороже. Мой здравый смысл велит мне считать правыми их, а не тебя. Они – общество, ты – единица. Ты свой, они чужие. Их традиции рождены веками; их слова были, есть и будут; а ты со своим словом как пришел ко мне, так и уйдешь. Может быть, на их стороне заблуждение, а на твоей – правда. Но у меня недостаточно веры в тебя,– такой веры, чтобы родились воля и сила оторваться от них и пойти за тобою. Не гляди на меня удивленными глазами: да! да! Пора бы тебе догадаться – в душе я гораздо больше с ними, чем с тобою. Я дитя толпы, плоть от плоти и кость от кости ее. Героизм, резкая оригинальность, смелость положения, обособленность меня пугают. Я готова любоваться ими вчуже и издали, готова играть в них, как роль в спектакле, но стать в них серьезно, но примерять их на себе... нет, благодарю покорно! Я будничная и только умею делать вид, бущо я – для праздников... Моя эксцентричность, вольность мысли и речи, мой флирт, мое кокетство, даже самый роман с тобою – все это нанос, налет на душу. А копни-ка хорошенько, как невзначай пришлось вот теперь, и из-под налета выглянет настоящее. Я терпеть не могу мужа, но разойтись с ним никогда ни для кого не разойдусь. Не по чему-либо другому, но просто потому, что – как же это я выскочу из колеи, по которой катилась половина моей жизни скорее приятно, чем дурно? Нас венчали, я привыкла жить на его средства, меня зовут мадам Рехтберг, это имя предоставляет мне недурное общественное положение, дает множество прав, требуя взамен самые крохотные обязанности; у нас множество одних друзей, знакомых,– и вдруг разрыв, скандал, развод... Нет, это невозможно...

– Но ведь вы все равно давно разошлись во взглядах и в жизни, и живете, как чужие!

– Да, но об этом знаю я, знает он и – вот теперь знаешь ты; остальные могут, если им угодно, догадываться,– до догадок мне нет дела. Меня пугают только определенности и резкости. Я создана для смешанных тонов и полутеней. Ты все ломишь по прямой линии, а, по-моему, описывать кривые – куда как приятнее и веселее. Но, увы, как всегда, крайности сходятся. Сошлись и мы...

– Ты не была такою, когда я тебя узнал,– бормотал Лештуков, покачивая головою.

– Нет, была. Только ты не видал. Ты не хотел видеть. Ты слишком поэт и фантазер. Когда ты полюбил, ты, в сущности, сперва полюбил не меня. Ты сочинил меня по своему вкусу, а потом ты влюбился в свою выдумку. Я это хорошо видела, но не могла тебя предостеречь.

– Почему?

– Во-первых, ты мне не поверил бы. Больного любовью ничем не переубедить. Ты сказал бы, что я на себя клевещу, что я напускаю на себя неподходящую роль, ломаюсь, играю. Это свойство любовной слепоты –

видеть в правде ложь и во лжи правду. Затем, я должна тебе сознаться,–
мне очень льстило, что ты так красиво обо мне думаешь. Я одно время,
под твоим влиянием, чуть-чуть было и сама не поверила, будто я и
глубокая, и особенная... И, наконец, ты мне очень нравился... Я не хотела
отпускать тебя от себя. Мне хотелось угодить тебе... И... я немножко
шрала...

— Сознавая, что из этого не выйдет ничего доброго?

— Я тогда и предположить не могла, что мы зайдем так далеко.

— Как? Разве ты не понимала, что мне не до шуток, не до твоего
флирта?..

— Нет, я тебе не верила. Я думала, что ты тоже только красиво играешь
и немножко заигрываешься.

— В тридцать-то шесть лет?..

— Э! У кого актерство в натуре, тот и в семьдесят два играть будет.
Думала, что мы немножко порисуемся друг перед другом, приятно
проведем время и – расстанемся приятелями... Да вот и доигрались. Кто
же мог предположить, что на свете водятся еще такие бешеные, как ты?

— Ах, Маргарита, Маргарита! Она смотрела жалобно.

— Право, я сама не рада, что у меня такая сухая натура, что я могу
выделить из своего сердца лишь так мало любви. Но зато, сколько ее есть
у меня, она вся твоя и надолго твоею останется. Мне подумать страшно,
как я буду без тебя... Я так к твоей любви привыкла!

Она заплакала.

— Ты поступаешь жестоко, а не я,– продолжала она сквозь слезы. – Ты
ставишь мне свои ужасные "или-или". Точно топором рубишь. А я люблю
проще, как любится и как можно любить. Если бы ты действительно меня
любил, не был только болен мною, ты бы сумел победить свой мужской
эгоизм, свою сатанинскую гордость, бросил бы свои громкие фразы о
гражданском браке, о бесчестности обмана, сумел бы примириться и
ужиться с Вильгельмом. Подумай, глупый! Чем мешает он тебе, если я вся
– твоя, а ему принадлежу только по имени? Ты всюду последовал бы за
мною, не оставил бы меня одну на муку этой проклятой любви!

— Лгать, обманывать, притворяться, унижаться – разве это жизнь?

— Не знаю... Но знаю, что мы были бы близки друг другу... Что мы
имели бы счастливые минуты, никого ими не оскорбляя, а тягость лжи...
Как будто она одному тебе страшна! Мне, с моим беспокойным и робким
характером, тоже жутко приходится. Надо очень любшъ, чтобы ставить
себя в рискованное положение, как сейчас мое. Жертвы измеряются не
тем, сколько кто жертвует, а тем, каких усилий это стоит. Верь: мне
ничуть не легче твоего! Но ты не хочешь рассуждать. Ты все предрек,

уверовал в свои программы... Какой Папа непогрешимый!.. Затвердил свое: подло... честно... честно... подло... Все или ничего! А по-моему, и не все, и не ничего, но хоть что-нибудь. Лишиться меня вовсе – это ты называешь любовью?!

– Ты хочешь... – медленно заговорил Лештуков.

– Только одного: чтобы мы были счастливы, сколько можем.

– Ценою подлости?

– А!.. Постараемся не думать и не станем говорить об этом!

– Вечно лгать?

– Ну и лгать. Отчего это слово так тебя пугает? Что за правдивость особенная напала? Ты сейчас произносил слова пострашнее, чем "лгать"... Ты Вильгельма убить собирался. Разве ложь страшнее убийства? Как тебя разобрать?

– Чего же именно ты хочешь от меня? – угрюмо спросил Лештуков, поникая головою.

Маргарита Николаевна быстро на него взглянула.

– Ты как это спрашиваешь,– опять для сцены и криков, или в самом деле желаешь, чтобы я тебе сказала, как хотелось бы мне устроить наши отношения?

– Я не могу совсем потерять тебя,– еще глуше сказал Лештуков, не отвечая прямо на вопрос.

У Маргариты Николаевны сверкнули глаза, и весело задрожал подбородок.

– Мне бы хотелось, чтобы ты, месяца через два, приехал в Петербург.

– Зачем? Чтобы, как здесь, любоваться твоим семейным благополучием и слушать мудрые речи Вильгельма Александровича?

– Петербург – не Виареджио, ты можешь никогда не видать Вильгельма и каждый день видеть меня...

Оба умолкли. Тишина нарушалась только буханьем моря, час от часу рычавшего все громче и победнее,– словно гигантский зверь резвился в темноте, сам потешаясь своею силою и свирепостью.

– Приедешь? – робко вымолвила Маргарита Николаевна, кладя руку на руку Лештукова.

– Погоди... Не знаю я, ничего не знаю... Она прилегла к его плечу.

– Я буду думать, что ты приедешь...

Он молчал, неуклюже осунувшись в своем кресле.

– Ты позволяешь мне так думать?

Лештуков внезапно сполз с кресла и очутился у ее ног, уронив на ее руки лицо – мокрое от вырвавшихся на волю слез боли, стыда и гнева. Плечи его тряслись.

– Не знаю я... Ничего не знаю,– повторил он, захлебываясь истерическими спазмами,– думай, что хочешь... Сделать так, как ты просишь, отвратительно... гнусно... Потерять тебя – страшно... Я не могу еще разобраться... Это после придет... Но если я и приеду, это уже не то будет, что было здесь. Я прощаюсь с тобою... Прощаюсь с мечтою огромного, хорошего, умного и честного счастья... Со светом любви... А там будут потемки: рабская ложь и рабская чувственность!

...Когда Маргарита Николаевна простилась с Лештуковым, небо уже белело. Он долго стоял на балконе, хмуря брови над распухшими красными глазами. Дождавшись солнца, он взял шляпу и тихо вышел из дома. Он направился к купальням Черри. Большого труда стоило ему растолкать лодочного сторожа.

– Синьору требуется лодка? В такую-то погоду?

Старик неодобрительно покачал головою, однако не посмел отказать и помог Лештукову спустить на воду легкий челнок. Бешеное море подхватило лодку отливом только что разбившейся о берег волны. Лештуков едва успел взмахнуть веслами, как лодка уже очутилась на гребне двухаршинного вала и ухнула с него, точно с ледяной горы. Затем ее опять швырнуло к берегу, но Лештуков был настороже и,– с красным лицом, вытаращенными глазами, с жилами, вздутыми, как веревки, на лбу,– напрягал свою силу, чтобы прорваться сквозь прибой. Вокруг него, как в котле, клокотала вода, не успевая даже сбиться в пену: волна была – как изумруд, только насквозь пропитанный серебряными пузырьками. С Лештукова снесло шляпу. Он сразу набил себе веслами мозоли и в кровь изодрал руки. Лештукову удалось выбраться сажен на пятнадцать от берега; волна здесь была ниже, кипение слабее, но течение давило против весел непреоборимою силою: Лештуков пытался соломинкой остановить гору! Волны, набегающие из открытого моря, сталкивались здесь с волнами, отпрядывающими от берега, и трепали лодку в дикой качке, валяя ее с бока на бок, точно пирог. Доски трещали. Лештуков, чтобы усидеть на месте, должен был упираться так, что ноги немели, икры ломило тупою болью, а подошва будто пригорела к перекладине на дне лодки. Тем не менее, он еще не думал о возвращении. Борьба с валами тешила его. Седой вихрь возмущенной стихии своими грохочущими жемчугами исхлестал ему лицо и спину. Каждый всплеск волны бил его, как плетью, с размаху. Соль разъедала ему глаза, соль была в волосах, во рту было горько. Несмотря на теплую погоду, волны, когда ныряла в них лодка, заставляли Лештукова дрожать от холода, хотя, минуту спустя, пот катился с его лица градом, от усилий поединка с зверем-морем. Дикий восторг овладел Лештуковым, ему хотелось мчаться вперед и вперед, навстречу тайнам все нараставшего волнения. Мысль о гибели даже и в голову ему не приходила – так торжествовала ожесточенная до экстаза, возвышенная мечта борьбы. Но море было сильнее и вдаль от берега Дмитрия Владимировича не пускало. Ему оставалось довольствоваться тем, что он упорно держался на однажды достигнутой им полосе, предоставляя волнам таскать его взад и вперед вдоль береговой линии. На горизонте поднялся саженный вал и летел, тряся серебряною массою пены, точно сам Нептун вынырнул со дна и разметал седую бороду по рассерженному морю. От вала дохнуло холодом – и Лештуков почувствовал себя под тяжестью мутно-зеленого, едва прозрачного сугроба, в котором все кипело и ходило ходуном, вертя лодку, как волчок. Вал пробежал. Оглушенный Лештуков едва успел увидать, что у него сломалось весло, как новая волна опять покрыла его и поволокла к берегу. Тогда он бросил и другое весло и упал в лодку ничком, крепко схватившись за борта. Его поволокло и вышвырнуло на песок к ногам ругающихся сторожей, давно уже, с проклятиями и беспокойством, наблюдавших его поединок с морем.

Лештуков пришел домой избитый, изломанный, весь в рубцах и синяках, и спал почти целый день.

Сутки спустя, он проводил Рехтбергов из Виареджио – со спокойствием и выдержкою, каких сам в себе не понимал. Когда поезд двинулся, Маргарита Николаевна смотрела в одно окно вагона, муж ее в другое,– и как у него, так и у Дмитрия Владимировича, одинаково вежливо были приподняты на прощанье шляпы, одинаково любезные и спокойные улыбки освещали лица.

– Весьма милый человек этот ваш знакомый – господин Лештуков,– сказал Рехтберг жене, когда Виареджио осталось уже за ними.

Маргарита Николаевна не отвечала: ей плакать хотелось.

– Как жаль, что при его любезности и дарованиях он совершенно лишен характера,– продолжал супруг.

– По чему это вы заключили? – отрывисто отозвалась Маргарита Николаевна, усиленно глядя в окно – на вершины Массарозы...

– Прежде всего по тому, что он пьет слишком много вина, тогда как, при его нервности, это должно быть ему вредно, чего он, как умный человек, не сознавать не может...

"Тогда как... чего... не сознавать не может... – со злобою вторила мысленно Маргарита Николаевна плавной речи супруга. – О, как скучно он разговаривает... Не слова, а Иудушкин гной какой-то..."

И вдруг она зло засмеялась.

– Смею спросить о причине вашего веселого настроения? – остановил ее Рехтберг, с вежливым удивлением поднимая брови.

– Мне смешно, что за две недели знакомства с Лештуковым... с известным Лештуковым,– передразнила она его,– она почти не владела собою от гнева и теперь ничуть не боялась мужа,– вы только и сумели разглядеть в известном Лештукове, что он пьяница.

Рехтберг встретил ее вызывающий взгляд своим – холодным и острым.

– Нет, прошу извинения: вы ошибаетесь. Я только что имел честь вам заметить, что считаю вашего знакомого очень порядочным человеком. И, благодаря этой порядочности, я разглядел в нем только один недостаток, тогда как иначе мог бы и имел право разглядеть многие... И... неужели вы желали бы этого?

Храбрость Маргариты Николаевны растаяла: она поняла, что Вильгельм Александрович обо всем догадался и все сложил на память в сердце своем... Она струсила...

– А! Мне все равно!– пробормотала она и пересела к другому окну.

Вильгельм Александрович проводил ее долгим взглядом и... уткнулся в огромную простыню "Figaro".

А Маргарита Николаевна кусала себе губы, чтобы не разрыдаться. В эти минуты она искренно ненавидела мужа и до безумия, до готовности вернуться с ближайшей станции, любила покинутого Лештукова. К счастью, в Лукке сел в вагон какой-то член парламента: на станции его провожала целая толпа избирателей, и две девицы в белом поднесли ему огромный букет белых роз,– вероятно, в знак политической непорочности. Депутат оказался говоруном с веселыми, умными глазами и превосходною черной как смоль бородою... За обедом в Пистойе он смешил Маргариту Николаевну анекдотами о Папе и невозможным французским языком; между Пистойей и Болоньей вел с нею разговор о чувствах, причем весьма кстати цитировал Мантегацца и читал сентиментальные стихи Стеккетти; а сойдя с поезда в Болонье, на прощанье, подарил "очаровательной спутнице" свой белый букет – "на память о незабвенной встрече!"

Поезд летел к австрийской границе. Рехтберг читал газеты...

Маргарита Николаевна нюхала букет, вспоминала черную бороду и остроты веселого депутата, и ей было не скучно...

XIV

По отъезде Рехтбергов Лештуков провел в Виареджио еще несколько недель. Им овладела тихая, безобидная апатия,– точно после сильной лихорадки. Острые ощущения ушли, осталась лишь страшная физическая и нравственная усталость; не было охоты ни воспринимать впечатления, ни – того менее – разбираться в них. "Живу, но не мыслю",– выворачивал наизнанку Лештуков положение Декарта. Он почти не выходил из дома. Виареджио ему опостылело, как только может опостылеть человеку место, где он обесславил себя нехорошим поступком или вынужден был действовать вразрез со своею совестью. Лештуков с наслаждением уехал бы из Виареджио, но он, как нарочно, сидел без гроша – в ожидании большого аванса за проектированный роман для толстого ежемесячного издания.

Сезон купанья был в полном разгаре. Черри, осаждаемому клиентами, приходилось жалеть об одном – что его учреждение лишилось такой эффектной служанки, как Джулия.

С нею он совсем бы перешиб конкуренцию остальных bagni[53]... Черри начал было переговоры с зеленщицей Анунциатой, но красавица заломила с него чуть ли не по золотому в сутки. Черри торговался, как может торговаться только итальянец, то есть за трех греков, двух армян и одного еврея. Но когда его сосед – конкурент Бальфи – уговорил Киару изменить своей булочной и поступить раздевальщицей в купальню, Черри сдался и приказал одному из своих работников сходить к Анунциате – ударить с ней по рукам.

Marinajo пошел, но очень скоро вернулся.

– Что? – встретил его Черри,– не ломается больше? согласна?

– Да я, хозяин, признаться, ее еще не видал.

– Где же ты шатался, birbante?[54]

– Дело в том, хозяин, что – стоит ли еще и идти к Анунциате?

– Почему нет?

– Джулия вернулась.

– О! Ты врешь?

– Нет, хозяин, я сейчас встретил ее на Виа Паччини. "Скажи,– говорит,– хозяину, что, если он меня примет, я хоть завтра же приду на работу; сейчас мне некогда: дело есть, а к вечеру я сама зайду в bagni поговорить и условиться..." Кажется, еще красивее стала, только похудела очень.

Радостная улыбка встопорщила рыжие усы Черри.

– Отлично,– говорил он, потирая мозолистые руки,– за такую новость не грех будет угостить тебя стаканчиком вермута... у меня отличный: брат из Турина присылает...

---

[53] Водный курорт, купальня (ит.).
[54] Плут? (ит.).

Он подумал и прибавил:

– Авось теперь и Альберто будет вести себя умнее. А то – просто беда с ним. В малого, надо полагать, влез морской черт: постоянно пьян, с форестьерами, что ни день, то история – мужчинам грубит, с дамами нахальничает... совсем испортился парень! Я бы его дня держать не стал, да репутация у него заманчивая. Если я уволю Альберто, Бальфи тысячи франков не пожалеет, чтобы его получить, а он уведет к Бальфи с собою и мою публику...

Солнце жгло нестерпимо. Даже странно было, что такое мягкое, доброе на вид синее небо пепелит землю с жестокостью раскаленного Молоха. В море не шевелилась ни одна струя. Яхонтовый простор разнообразили только клочья застывших в воздухе без движения парусов. Жара тяжким грузом ложилась на город, клоня к земле все живое. Даже привычных туземцев сморило. Народ прятался дома или по винным лавочкам, кафе, альберго и остериям за опущенными маркизами и глотал мороженое и воду со льдом... На пустынном в эти часы моле копошилось всего несколько рыбаков, устраивая заставку для рыбы. Джулия сидела тут же, свесив ноги за парапет мола. С самого утра, когда она, после целого месяца, проведенного в отсутствии, возвратилась в родной город, она не могла найти себе места и покоя. Все в Виареджио было ей скучно, казалось унылым; ее томила злая, непобедимая тоска; хотелось бежать из одиночества к людям, а при людях тянуло опять в одиночество. Джулия заглянула было к Леилукову, но он спал, и она, постыдившись его разбудить, обещала зайти после, а сама пошла бродить по городу куца глаза глядели. На рынке подруги, толковавшие ее романическое исчезновение из Виареджио по-своему, глядели на Джулию с нескрываемой насмешкой... Она не вынесла косых взглядов и, ответив на презрительные гримасы Киары и Анунциаты самыми гордыми молниями, какие только могла вызвать из своих удивительных глаз, ушла к морю... Быстрые шаги заставили Джулию оглянуться: перед нею стоял Альберто. От скорой ходьбы и от волнения по красному лицу его катились крупные капли пота... Джулия, как слегка оглянулась на него через плечо, так и осталась в этой невнимательной позе, опираясь рукою о серый горячий камень.

– А, это ты!– сказала она равнодушно.

– Как видишь... Здравствуй, Джулия! Альберто боролся с тяжелым дыханием.

– Мне еще утром сказали, что ты приехала. Я бросил работу и искал тебя по всему городу. Но тебя встречали все – только не я. Я уже возвращался в bagni, когда заметил с берега твой красный платок.

Он умолк. Джулия ничего ему не ответила, небрежно играя пальцами по камню...

– Тебе неприятно меня видеть? – сказал Альберто.

– Нет, ничего, все равно.

– Ты все еще у Черри?– спросила она после новой паузы.

– Все у Черри.

Джулия загадочно улыбнулась.

– Значит, опять будем вместе. Что этот... графчик из Вены все еще здесь?

– Да... Что тебе до него, Джулия? Джулия опять не отвечала.

– Что же ты не спросишь, где я была? – с насмешкою сказала она, глядя на Альберто во всю величину своих глаз – в самом деле и мрачных, и сверкающих вместе, точно звездная южная ночь, как сравнил когда-то Лештуков. Альберто потупился, переминаясь с ноги на ногу.

– Не спрашиваю,– тихо возразил он,– потому что... где бы ты ни была, Джулия, я решил это забыть и простить.

– "Забыть и простить..." вот как! Помнится, я еще не просила у тебя прощения...

Над морем тяжело стрельнула крупная рыбина.

Джулия некоторое время следила за кругами, побежавшими от всплеска.

– Тебе нечего прощать,– продолжала она, переводя взгляд на Альберто,– ты, конечно, как все, воображаешь, будто я это время жила с художником... Этого не было. Вы правы в одном... Я уехала с тем, чтобы так было. Если бы он не взял меня женою, я стала бы его любовницей. Мне трудно было его найти. Он прятался от меня, я нарочно искала его в Риме, в Неаполе, в Реджио, в Палермо. Я всюду опаздывала. Он уезжал из города, как только я туда приезжала... Третьего дня я встретилась с ним, сама того не ожидая, на набережной в Ливорно, и... вот я здесь!

Альберто слушал, стараясь не глядеть на девушку.

– Я ему сказала: "Я не могу жить без вас, синьор..." Ха-ха-ха!.. Их, должно быть, из снега делают, этих русских великанов!.. Он сделал глаза и добрыми, и строгими вместе – это я только у него одного и видала – и говорит: "Полно, Джулия! Вы знаете, что я не могу на вас жениться..." – "Я и не требую этого, синьор, я вас люблю, примите меня к себе как горничную, как натурщицу, как что хотите... Клянусь вам: ни в чем я вас не стесню; даже,– если, наконец, и ваше мертвое сердце заговорит когда-нибудь, если вы полюбите другую, я сумею примириться с этим, уживусь с вашей избранницей и постараюсь ее любить ради вас..." Он мне на это сказал, что я слишком хороша и умна для горничной, что натурщицы ему не нужно и что честь не позволяет ему, не любя, делать любовницу из хорошей девушки... О, он честный человек, он благороднее всех рыцарей, что жили и умерли вон в этих замках на горах!.. Но лучше бы и для него, и для меня было, если бы у него было поменьше чести и побольше тепла в душе... Он наговорил мне много хороших слов и советов,– но... я с детства знала их сама и без него!.. Благоразумие-то ведь одинаково везде у всех,– только кто же и когда его слушает?.. Он просил меня вернуться сюда к Черри; я послушалась... Только на прощание я сказала ему, что он раскается, потому что я отомщу ему – он сам не ожидает – как! Я заставлю его потерять это проклятое спокойствие духа; он имени моего не будет в состоянии слышать, без того, чтобы не побледнеть от раскаянья.

– Как же ты думаешь сделать это, Джулия?

Она резко засмеялась.

– А вот ты увидишь... ты, да, именно ты это увидишь.

– Я тебя, Джулия, не понимаю.

– И не надо. Когда время придет, поймешь.

– Джулия!– взволнованно заговорил Альберто,– раз ты не лжешь,– а что ты не лжешь, я в этом уверен: я знаю твою честь и имею основания верить чести художника; раз ты вернулась в Виареджио такою же чистою, как уехала, зачем это отчаяние? зачем думать о мести?.. Ты знаешь, как я тебя люблю. Вот тебе моя рука, возьми ее и, черт возьми, поставим крест на всем прошлом...

– Выйти за тебя замуж? Нет.

– Почему?

– Потому что я тебя не люблю, а люблю художника.

– И, любя, собираешься ему мстить?

– Только тем и мстят за любовь, кого любят. Да и месть бывает разная... Нет, нет, нет, Альберто! Женой твоей я не буду. Я видела свет за это время и многое узнала. Во мне есть сила, которой я сама не понимала раньше. А если бы и поняла, так не дала бы ей воли...

– Значит, это что-нибудь нехорошее?

– Художник мог спасти меня от меня самой. Я была бы сыта его любовью, я бы ничего больше не спросила от жизни. Но теперь, если мне не далось немногое, чего я искала, я возьму все, чем люди веселятся и утешаются.

– Вот что... вот что... – протяжно сказал Альберто.– Ты говоришь,– венский графчик все еще здесь? и с этой своей крашеной француженкой?.. Накануне, как мне уехать, он шептал мне, что одно мое слово, и он пошлет француженку к черту...

– Вот что... вот что... – со странным спокойствием продолжал кивать головою Альберто.

– У меня будут бриллианты, и я буду пить шампанское за завтраком. Я заведу себе мальчишку-негра, чтобы носить за мною зонтик и накидку.

– Это должен дать графчик?

– Он не даст,– дадут другие. Я – красавица. Если меня не любит тот, кого я хочу, пусть любит меня, кто заплатит!

– Так, так,– бормотал Альберто,– только этого не будет.

Джулия возразила ему презрительным взглядом.

– Ты помешаешь мне?

– Да, я.

Она пожала плечами.

– Что ж? попробуй!

– Ты думаешь, мне легко было пережить стыд твоего бегства, когда всякий говорил о тебе самые подлые слова, самые скверные сплетни? Я укротил свое бешенство, я примирился со своим позором, я принес тебе ту же любовь, что и прежде... Я понял твое горе и до сих пор готов лечить его вместе с тобой,– лечить временем, ласками, честным именем своим, защитою храброго мужчины, незапятнанного уважаемого человека. А ты хочешь надругаться над собою и надо мною?.. Нет, тебе это не удастся. Честь художника спасла тебя от одного позора, а моя любовь спасет от другого.

Джулия вскочила на ноги.

– Что я не буду твоей женой, я готова повторить это тысячу раз,– сказала она в гордой позе, упирая руки в бедра.

– Тогда... – еще тише и спокойнее начал Альберто.

Но Джулия горячо перебила его.

– Дурак! Чего ты хочешь? Жены, у которой мысли будут всегда полны другим человеком, которая, если тебе удастся поцеловать ее, будет нарочно закрывать глаза, чтобы думать, будто ее целуешь не ты, а другой...

– Мое это дело. Если я иду на такую муку, не тебе меня отговаривать.

– Ты идешь, да мне-то неохота. Однако довольно, прощай: меня ждет старый Черри, я обещала прийти к нему вечером – подписать условие, а сейчас...

Она вынула из-за кушака часы, подаренные ей Ларцевым.

– Это часы художника,– сказал Альберто, не спуская глаз с золотой вещи,– зачем они у тебя?

– Он подарил мне их, когда уезжал из Виареджио. Краска медленно сползла с лица Альберто, заменяясь

серою пепельной бледностью.

– За что?

Джулия гневно сверкнула глазами.

– Ты сейчас подумал подлость. Я тебе никогда не прощу этого вопроса. А еще говоришь, что веришь мне, что все забыл и простил!.. Эта вещь – самое дорогое, что будет у меня в жизни... Смотри: вот, вот, вот...

Она три раза поцеловала часы и опустила их за кушак.

Яростный крик вырвался из груди Альберто. Он схватился за голову, но вдруг, как бы опомнившись и совладав с собою, опустил руки и закинул их за спину.

– Прощай и можешь злиться, сколько угодно!

Джулия гордо кивнула головкой и хотела пройти, но Альберто, все еще держа руки за спиной, полуоборотом своего большого тела, заслонил ей дорогу.

– Не уйдешь ты... – сказал он.

В его лице ни кровинки не оставалось. Джулия пожала плечами.

– Зачем я тебе? Мне нечего больше сказать тебе.

– Нечего?..

– Да. Если уж мне суждено достаться нелюбимому человеку, так мне нужен кто-нибудь и побогаче, и познатнее простого матроса... Пусти меня, хозяин будет сердиться.

Альберто посторонился.

– Иди!– кротко сказал он.

Но когда Джулия проходила мимо его, он проворно взмахнул рукою... На спине девушки выступила красная полоса. Джулия подняла руки высоко над головою и судорожно хватала пальцами воздух, словно старалась уцепиться за него. Потом, без крика, рухнула ничком на камни мола. Альберто ударом ноги сбросил ее в море. Тело ключом пошло ко дну – только красное пятно расплылось на юде, да широкие круги побежали далеко по синему зеркалу спокойных вод...

С конца мола бежали к Альберто рыбаки... Он молча бросил им нож, которым зарезал Джулию, и протянул руки:

– Вяжите!

Перед первым допросом в претуре Лештукову удалось протолкаться к преступнику.

– Друг мой, как вы могли это сделать?!

– Она хотела сделаться потаскушкой, синьор,– спокойно сказал Альберто. – Я не мог допустить ее до этого.

Карабинеры вежливо отстранили Лештукова.

– Тысяча извинений, eccelenza[55], но теперь мы уже не имеем права допускать посторонних к арестанту.

---

[55] Ваше сиятельство (ит.).

– Если не брезгуете, пожмите мне руку, синьор,– сказал Альберто. – Прощайте. Спасибо за вашу приязнь. Не жалейте обо мне слишком: все – судьба!..

К вечеру убийцу увезли уже в Пизу, где и водворили в тюремном замке под крепким караулом.

XV

Два дня спустя немки поутру вместе с кофе преподнесли Лештукову только что пришедший из Петербурга конверт с банковым переводом. Дмитрий Владимирович был счастлив, как никогда еще в жизни не радовался деньгам, и в один день собрался к отъезду из Виареджио: после трагедии Альберто чудный цветущий городок стал казаться ему какою-то могилой. Накануне отъезда, поздно ночью, он сидел на моле, как раз над тем местом, где было найдено тело Джулии. Он видел ее – обезображенную ударами багров, окутанную рыболовною сетью... Но ему как-то не думалось о той Джулии; ему хотелось мечтать, будто она все еще тут, внизу, под волнами, холодная и прекрасная, как русалка; хотелось видеть сходство между нею и яркой звездой, что, чуть колеблемая ночным волнением, мерцала глубоко под его ногами, на самом месте гибели Джулии. Лештуков думал о Джулии, об Альберто, о себе, о Маргарите Рехтберг,– и странная зависть к судьбе убитой девушки и ее убийцы смущала его мысли.

"Альберто уверял, что мы с ним из одного теста вылеплены,– думал он. – Может быть, тесто и одно, да дрожжи разные. Оба мы пережили неудачную любовь, оба были оскорблены, унижены: у нас обоих отняли лучшее, чем мы владели, мы оба терзались, оба ненавидели... Он – простой человек полудикой воли – и распорядился просто. Над его человеческим достоинством насмеялись,– он убил. Он сделал страшно, безобразно, преступно, но доказал, что знает себе цену. Он и на скамье подсудимых будет сидеть с гордо поднятой головой. Любовь дает право суда над человеком. Он судил – и убил. Отчего же я не убил? Первое хорошее чувство в моей гадкой, развратной жизни разменялось на бирюльки; я, как одураченный паяц, сыграл роль трагического героя в водевиле! Зачем я допустил до этого? Разве не лучше было возвысить водевиль до трагедии? Разве я не мог драться с мужем Маргариты, как львы дерутся из-за львицы? А вместо того – вот: я сижу и размышляю – поеду ли я зимою в Петербург на новые нравственные пощечины, на новые подлости обмана и самообмана. Гуманность, цивилизация помешали?.. Да ведь хотеть-то крови они мне не мешали! Я и сейчас убежден, что убить было надо: ее ли, себя ли, его ли... надо! Просто не посмел. А не посмел – оттого, что плохо любил. Не женщину, а свою выдумку любил: права была Маргарита. И все мы – люди интеллигентного дела, люди нервов и мыслительной гимнастики – так любим. Наша любовь – что мертвая зыбь: она тебя измочалит, но ни утопить – не утопит, ни счастливо на берег не вынесет. Все – сверху. Вон как эти волны... Ишь как беспокойно суетятся они и лижут серые камни! А что в них? Только что красиво морщат лицо моря... Настоящая-то морская тайна – там, в глубине, где нет ни красивых морщин этих, ни беспокойства. Тишь, гладь, темь и... труп девушки, зарезанной за любовь. Альберто – убийца и спокоен. Я не убил – и мне ужасно скверно. Скверно не оттого, что не убил,– а от догадки, почему не убил.

Давно ли я – опытный, стареющий человек с сединою в волосах – горячился, выкрикивал монологи и ставил в них жизнь на карту за честную любовь... Слова! Слова! Слова!.. Что впереди меня и Маргариты? Цепь гнусных обманов, лжей и сотня-другая минут наслаждения. Мое "или-или" разменялось на постыднейшие компромиссы,– мы условились, однако, что будем принимать эти компромиссы за любовь... фальшь – за лучшую правду жизни! Ха-ха!

Какое лицемерие!.. Как удобно раздобылись мы привилегией на безнаказанность тех самых грехов, за которые честные мужланы, вроде моего Альберто, расплачиваются поножовщиной.

"Я убил ее, чтобы она не сделалась потаскушкой",– это прорычал "полускот". "Приезжай,– я буду обнимать тебя за спиною мужа!" – это мурлычет женщина-кошка с тонкой нервной организацией и острым, образованным умом. И я – человек не из самых худших и тупых в своей среде – выслушал эту программу,– и ничего! Слушал и думал: "Гадко!" Но как бы это ухитриться, чтобы примирить эту гадость со своею совестью, чтобы не претило извлекать удовольствие из связи с женщиной, которая не стоит, чтобы ее любили, а я все-таки ее без памяти люблю?

За что?

Альберто знал, за что любил Джулию: он ее добивался, как тигр добивается тигрицы...

А я не знаю. Потому что, кто же из нашей братьи решится на такое же откровенное признание? Как можно! Какое скотство! А высшие взгляды? А сочувствие душ? А общность интересов и идеалов?

У Альберто и ему подобных из любви рождается чувственность. У них она – дитя благородного происхождения; поэтому они ее и не стыдятся.

Вон они – эти итальянские жены-простолюдинки, с дюжиной ребят, так гордые своим потомством, такими влюбленными глазами следящие за своими Джованни и Джузеппе, так наивно откровенные в своих супружеских ласках и тайнах. Чего ей стыдиться? Она любит,– она права.

У нас почти всегда, наоборот, из чувственности рождается любовь. Яблочко не далеко падает от яблоньки,– и мы стыдимся любви, как стыдимся ее матери. Мы стараемся декорировать ее всяческой идеализацией, но... "краски ветхие с годами спадают ветхой чешуей!.." И, рано или поздно, нам приходится краснеть за свою любовь,– недоношенный плод отравленного воображения. Мы стараемся ее уважать, мы притворяемся, что ее уважаем, мы убеждаем себя и верим, наконец, что ее уважаем,– но заглушённый инстинкт правды сильнее нашей обманутой воли. И, когда такая любовь становится решающим моментом жизни или смерти, тайный голос должен шепнуть умному человеку: "Стоит ли?"

Мелкое чувство вызывает и мелкую борьбу. Пусть она будет и эффектною, и шумною! Все-таки это – не буря морского простора, которая в щепки ломает корабли. Это береговые волны: они нагрохочут на десятки верст, изроют песок, перебуравят камни на берегу, нашвыряют водорослей и раковин, может быть, и "чудный перл" ненароком выбросят... и только. Волна набегает и разбивается. Чувство приходит и уходит. Одна волна покрывает другую. Минуту счастья смывает день страдания. Поцелуй окупается подлым обманом, за полосу позора платит полоса наслаждения... все волны и только волны!..

Любовь – ровесница смерти и сильна как смерть. Но это не про наши любви сказано... не про любви уверток и компромиссов: сказано про любовь-необходимость, а не про любовь-случайность!.. Разве что помириться на том, что и смерть, как любовь, будет для нас не более как волною: налетит невзначай и смоет нас против воли, сколько бы мы ни держались за мелконькую жизнь, за ее низкие истины, сдобренные нас возвышающим обманом.

Только эта последняя волна налетит и ударит совсем уж из неизвестного и непостижимого далека, как тогда, в бурю, налетел на меня и зарыл меня в водяную могилу седоголовый вал.

Волны... волны... все волны!"

Лештуков встал и тихо побрел домой в кротком, точно виноватом раздумье.

Назавтра он простился с Виареджио и, когда поезд мчал его мимо Пизанской падающей башни, он – именем друга-узника, затерянного где-то рядом, в тюрьме,– дал себе слово – в Петербург на зиму не ехать.